DUMONT
DIREKT

Straßburg

Gabriele Kalmbach

Inhalt

Das Beste zu Beginn

Teatime
Wenn ich bei nasskaltem Nieselregen trotzdem einen gemütlichen Nachmittag verbringen möchte, gehe ich ins Thé des Muses (► S. 84). Der frisch aufgebrühte Tee und ein Stück leckere Obsttarte dazu – das hebt meine Lebensgeister ganz ungemein.

Mein Lieblingsblick
Der Blick, der sich von der Aussichtsterrasse des Barrage Vauban übers Wasser auf die Ponts Couverts ergibt, ist einer der schönsten Europas. Ich komme am liebsten gegen Abend, wenn die Lichter der Stadt feierlich leuchten.

Ein Platz an der Sonne
Liegeplätze für Mensch und Boot: La Plage, Strand, nennen Einheimische den Quai des Pêcheurs (► S. 43), weil dort mehrere zu Bars umfunktionierte Flusskähne fest vertäut sind und am Ufer Liegestühle und Korbsessel aufgestellt sind. Wunderbar zum Aperitif mit Blick aufs Wasser!

Rettet das Mittagessen!
Statt fürs Hotelfrühstück viel Geld auszugeben, halte ich es morgens wie die Franzosen und begnüge mich im nächsten hübschen Café mit Kaffee und einem Stück Baguette. Das Frühstück, mit Kougelhopf, Croissants, Blätterteiggebäck, Wurst und Käse, ist zwar meist etwas reichhaltiger als sonst in Frankreich, schlägt im Hotel aber zusätzlich mit bis zu 20 € zu Buche. Stattdessen kultiviere ich lieber das Mittagsmahl, das ist häufig günstig als Formule zu haben!

Durst löschen
In der Weinstadt Straßburg doch Lust auf ein Bier? Bierbrauen hat eine lange Tradition im Elsass. Im Troquet des Kneckes (► S. 107) stehen in ungezwungener Atmosphäre diverse Sorten und ein wechselndes Bier des Monats zur Wahl. Für Frankreich eher untypisch ist das zusammengewürfelte Mobiliar aus Werkbänken, Hockern, Weinfässern, bunten Küchenstühlen und alten Polstersesseln.

Wochenmarkt statt Landpartie
Beim samstäglichen Bummel über den atmosphärischen Wochenmarkt decke ich mich mit Saisonalem aus der Region und mit Feinkost ein. Die größere Auswahl hat der Markt am Boulevard de la Marne (Di und Sa 7–13 Uhr). Auf der Rue de la Douane ist samstags der kleine Marché des producteurs (Bauernmarkt) ein Hingucker und -schmecker.

Pack die Badehose ein …
Hinter einer ochsenblutroten, leicht abblätternden Fassade verbergen sich die Bains Municipaux (► S. 69). Dieser Tempel der Leibesertüchtigung wurde 1908 vom Berliner Architekten Fritz Beblo in einem Stilmix aus Neobarock und Jugendstil erbaut. In zwei domähnlichen Badehallen ziehe ich mit Senioren und Studenten meine Bahnen durch das mit 28 °C angenehm temperierte Wasser. Die herrlich altmodischen Umkleidekabinen, die Spucknäpfe, die Messingdusche oder die Buntglasfenster – alles stammt noch original aus der Erbauungszeit.

Vogelperspektive
322 Stufen führen auf die Aussichtsplattform des Münsters. Von da oben habe ich einen fantastischen Blick auf die Dächer der Altstadt und bei schönem Wetter bis in den Schwarzwald und die Vogesen.

Nicht nur für Hexer
Voodoo ist Kult: Der Museumsneuzugang residiert in einem ehemaligen Wasserturm aus dem 19. Jh. (► S. 78)! Mehr als 1000 Objekte hat der Privatsammler Marc Arbogast hier in Szene setzen lassen.

Für Straßburg packe ich Badeanzug und Schwimmbrille ein. So wie Groundhopper Fußballstadien sammeln, will ich in möglichst vielen schönen Schwimmbädern Deutschlands und Frankreichs schwimmen gewesen sein …

Fragen? Erfahrungen? Ideen?

Ich freue mich auf Post.

@ *Mein Postfach bei DuMont:*
g.kalmbach@dumontreise.de

Das ist Straßburg

Seine Ausstrahlung und Anziehungskraft verdankt Straßburg seiner 2000-jährigen Geschichte, der Grenzlage zwischen Frankreich und Deutschland und nicht zuletzt den zahlreichen architektonischen Meisterwerken der Stadt. Darunter ist die Kathedrale Notre-Dame ihr symbolträchtigstes Gebäude – 2015 wurde die Grundsteinlegung vor 1000 Jahren groß gefeiert. Seit 1988 ist die Grande Île, das historische Zentrum der französischen Metropole, ins Welterbe der UNESCO aufgenommen. Sorgte die Vergangenheit für mittelalterliche Fachwerkhäuser und wilhelminische Prunkarchitektur, bringen das EU-Parlament und die große Universität kulturelle und kosmopolitische Vielfalt in die Gegenwart.

Unterwegs zu Fuß, mit dem Rad oder der Tram

Aus großen Teilen der Innenstadt, insbesondere um die Kathedrale herum, wurde der Verkehr verbannt. Zu Fuß bleibt daher ausreichend Gelegenheit, die Stadt auf eigene Faust zu entdecken: einen geschnitzten Eckbalken hier, alte Hauszeichen über den Türen dort, die vielen modernen Kunstwerke, schicke Boutiquen und edle Feinkostläden.
Wem es zu Fuß zu langsam ist, der kann von den preiswerten Verleihstationen der *vélocation* und einem ausgedehnten Radwegenetz in der ›Fahrradmetropole Frankreichs‹ profitieren. Unter den Bürgermeistern von Catherine Trautmann bis Roland Ries wurde und wird die Fahrradförderpolitik großgeschrieben. Daneben ist die moderne elektrische Tram das Verkehrsmittel in der Innenstadt – die Niederflurbahnen kurven ohne Absperrungen durch die Straßen und machen im Bedarfsfall sehr schrill auf sich aufmerksam.

Feinschmeckerdorado und Einkaufsmetropole

Kann Straßburg Thema sein, ohne über Kulinarisches zu reden? Die Liebe zum deutsch-französischen Grenzland geht durch den Magen, die gute Küche des Elsass ist berühmt. Feinschmecker kommen allerdings vorzugsweise dann voll auf ihre Kosten, wenn sie Fleischliebhaber sind ...
Wer einkehrt, sollte Appetit mitbringen: Französische Qualität in deutschen Portionen wird der Regionalküche attestiert.
Der Elsässer Wein spielt im Weinland Frankreich fast keine Rolle, in Straßburg ist er allgegenwärtig. In den Winstubs sind Riesling und Gewürztraminer, Edelzwicker, Pinot Blanc und Pinot Gris aus der Region im Ausschank. Die Winzer erzeugen vorwiegend Weißweine der Region, den prickelnden Schaumwein Crémant d'Alsace und Pinot Noir als einzigen Rotwein (mit nur 10 % am Gesamtertrag).
Nicht nur mit ihren Weinhandlungen bietet die Stadt exzellente Möglichkeiten, Feines für zu Hause zu erstehen: Köstliche Mitbringsel sind neben Crémant d'Alsace, Obstbränden (Eau de vie) und Biowein auch Lebkuchen und anderes Gebäck, Konfitüren, Schokolade und Pralinen, Wurst- und Käsespezialitäten. Modeboutiquen und Schuhgeschäfte verlocken Fashionistas dazu, ihre Garderobe aufzustocken. Für Hobbyköche lohnt sich die

Selbst ernannte Weihnachtshauptstadt – zur Adventszeit schmückt sich Straßburg mit vielen Lichtern.

Anschaffung französischer Küchenartikel in handwerklicher Qualität, ob gusseiserne Bräter, Kochmesser oder Kupferkasserollen. Für den schön gedeckten Tisch sorgen Tischwäsche, Porzellan und Glas aus französischen Manufakturen, für die Körperpflege Naturkosmetik, Seifen und Düfte.

Im Zeichen Europas

›Carrefour de l'Europe‹, Ort der europäischen Begegnung oder, wörtlich übersetzt, ›Kreuzung Europas‹ nennt sich die Hauptstadt des Elsass. Dort ging es in der Vergangenheit nicht immer friedlich zu: Straßburg und das Elsass waren lange Zeit Zankapfel der beiden konkurrierenden ›Erbfeinde‹ Deutschland und Frankreich. Im Lauf ihrer wechselvollen Geschichte gehörte die Grenzregion je nach Kriegsausgang mal zum einen, mal zum anderen Staat. Viermal wechselte das Elsass die Nationalität: Tomi Ungerer, der bekannteste Künstler Straßburgs, nannte seine Heimat in seiner drastischen Ausdrucksweise die »Toilette Europas: immer besetzt«.

Heute, in einem Europa der Regionen, werden die doppelten kulturellen Wurzeln und die Zweisprachigkeit allmählich wieder als Vorteil verstanden. Zehntausende Pendler, grenzüberschreitende Festivals und Kulturarbeit sowie der in Straßburg angesiedelte deutsch-französische Kultur-TV-Kanal arte sind Indizien dafür, dass der Ausschließlichkeitsanspruch einer Kultur der Vergangenheit angehört.

1949 wurde Straßburg zum Sitz des Europarats und 1958 (zusammen mit Brüssel) zum Sitzungsort des Europäischen Parlaments ernannt. Welche Stadt könnte auch besser eine europäische Berufung verkörpern als dieser Zankapfel zwischen den Nationalstaaten Deutschland und Frankreich, der als Erbe dieser Vergangenheit seine Zweisprachigkeit und seine vielfältigen kulturellen Wurzeln in das so vielbeschworene ›Europa der Regionen‹ einbringen kann.

Straßburg in Zahlen

0

Pestizide heißt es seit 2008 in städtischen Parks und Grünflächen

1,5

Kilogramm Sauerkraut essen Straßburger und Deutsche pro Jahr, Franzosen nur 800 Gramm

2

Feiertage hat das Elsass zusätzlich zu den frankreichweiten: Karfreitag und 2. Weihnachtstag

8

LKW-Füllungen mit Akten werden für das Europaparlament zwölfmal im Jahr von Brüssel nach Straßburg und zurück transportiert

46

Prozent der Einwohner sind unter 30 Jahre alt, Straßburg ist eine ausgesprochen junge Metropole

60

Kilometer Straßenbahnlinien besitzt Straßburg, das längste Streckennetz Frankreichs

142

Meter hoch ist der Kirchturm des Münsters, als zweithöchster Frankreichs nach Rouen und sechsthöchster der Welt

250

Käsesorten führt die Maison Lorho, 400 Biersorten das Village de la Bière

360
Einbahnstraßen mit offiziellem Radel-Gegenverkehr gibt es

70 000
Arbeitstage gehen dem Europaparlament jährlich durch die Reisetage verloren

880
Restaurants, acht mit Stern, locken Esser und Feinschmecker

280 100
Einwohner hat die siebtgrößte Stadt Frankreichs

700 000
Besucher pro Jahr erkunden Straßburg vom Ausflugsboot aus

4400
Velhop-Fahrräder stehen in der Innenstadt zum Ausleihen bereit

21
Brücken und Übergänge führen auf die Grande Ile, das Zentrum Straßburgs, das 1988 als Ganzes zum UNESCO-Welterbe erklärt wurde

46 000
Studenten prägen das Stadtbild ganz erheblich

Was ist wo?

▶ Die annähernd eiförmige, von der Ill und dem Fossé du Faux Rempart umflossene City ist mit einer Ost-West-Ausdehnung von 1,5 km und einer Nord-Süd-Ausdehnung von 1 km bequem zu Fuß zu durchstreifen. Auch die Altstadt rund um die Kathedrale lässt sich so am besten erkunden.

Straßburg ist ein Ort großer historischer, von der UNESCO mit dem Adelsprädikat des Weltkulturerbes versehener Kunst. 1988 wurde die gesamte Grande-Ile als städtisches Ensemble in die Welterbeliste aufgenommen, keineswegs nur das Münster als gotisches Bauwerk und in Stein gemeißelte Geschichte, auch wenn schon dieses allein eine Reise rechtfertigt.

Centre Ville

Um **Place de la Cathédrale** und **Rue Mercière, Place du Marché aux Cochons de Lait** und **Place du Marché aux Poissons** (🕮 C/D 5/6 und Karte 2) tobt das touristische Leben, denn hier stehen viele der typischen hohen, historischen Fachwerkhäuser mit ihren steilen roten Ziegeldächern. Winstubs und Andenkenläden vervollständigen das Angebot für Touristen.
Das Einkaufsviertel erstreckt sich nördlich der Kathedrale als Fußgängerzone über historische Gassen wie Rue des Hallebardes, Rue des Juifs, Rue des Orfèvres und Rue du Dôme. Südlich der Kathedrale liegen gleich mehrere interessante Museen: die drei Museen des **Palais Rohan,** das **Musée de l'Œuvre Notre-Dame,** das **Musée Historique** und ein paar Schritte über die Ill das **Musée Alsacien.**

Petite France

Im Westen der Innenstadt stellt die von Kanälen, Brücken und einigen der schönsten und ältesten Fachwerkhäusern geprägte **Petite France** (🕮 C 6 und Karte 2) einen weiteren Touristenmagneten dar. Von hier gelangt man in wenigen Schritten zum **Musée d'Art Moderne et Contemporain,** einem der bedeutendsten Museen der Stadt.

Finkwiller/Krutenau

Am südlichen Ufer der Ill, hinter den pittoresken **Ill-Kais,** liegt dieses ehemalige **Kleine-Leute- und Militärviertel** (🕮 C–E 6/7). Preiswerte Restaurants und Studentenlokale, Tante-Emma-Läden und türkische Obst- und Gemüsehändler sorgen neben teuer sanierten Appartements und ganz gewöhnlichen Mietskasernen für einen sehr gemischten Charakter – sodass die Bezeichnung als Studenten-, Amüsier- und Künstlerviertel damit also einfach zu kurz greift. Im Süden von Finkwiller/Krutenau erstreckt sich der weitläufige **Krankenhauskomplex,** im Norden geht es nahtlos ins **Universitätsviertel** über.

Wilhelminische Neustadt

Nach der Eroberung der Stadt 1870 legten die neuen preußischen Herren nördlich der Innenstadt eine klar gegliederte **Neustadt** (🕮 D/E 4/5) mit breiten Prachtstraßen, großzügigen Plätzen und repräsentativen Bauten in allen Spielarten des damals aktuellen historistischen Baustils an – heute sind die teils dem Mittelalter nachempfundenen, teils protzig klassizistischen Häuserblocks eine begehrte, nicht gerade günstige Wohnadresse. Von den ehemals staatstragenden Regierungs- und Verwaltungsbauten rund um die **Place de la République** flaniert man etwa eine Viertelstunde zum **Universitätsviertel** (🕮 E/F 5/6) um den Boulevard de la Victoire.

Europaviertel

An das wilhelminische Viertel schließt sich im Norden das moderne, weitläufige **Europaviertel** (🕮 F/G 3/4) an, von Ill, Aar und dem Canal de la Marne au Rhin durchflossen und mit großen Grünflächen aufgelockert. Ein gut halbstündiger Spaziergang entlang der Ill bringt uns von der Innenstadt zu den Sitzen von **Europarat** und **Europaparlament** und schließlich zum erholsamen **Parc de l'Orangerie.** Noch ein bisschen weiter im Nordwesten finden sich Kongresszentrum, Ausstellungsgelände Wacken und Ill-Stadion.

Hafenviertel

Um das Bassin d'Austerlitz entsteht rund um die **Médiathèque André Malraux,** die Cité de la Danse et de la Musique, das Einkaufszentrum Rivetoile und das Wissenschaftszentrum **Le Vaisseau,** das sich gezielt an Kinder richtet, das **Archipel culturel** (🕮 E/F 7): Die ehemaligen Hafen- und Industriebrachen sollen sich zum schicken postmodernen Viertel entwickeln. Wird Wohnen am Hafen bald auch in Straßburg so trendy wie in London, Hamburg oder Dublin?
Keine 500 m östlich des Parc de l'Orangerie liegen die ersten Becken des **Port Autonome de Strasbourg,** nach Duisburg der zweitgrößte Rheinhafen. Auf dem von renovierten Villen des 19. Jh. gesäumten Kai, Rue du Général Picquart und Rue du Général Conrad, hat man einen guten Blick auf die Hafenlandschaft.
Das städtebauliche Entwicklungsprojekt des 21. Jh. ist die Stadterweiterung in Richtung Rhein: Straßburg wendet sich dem Fluss zu. Erstes verwirklichtes Projekt ist der **Parc du Rhin** (🕮 J/K 8) im Süden der lang gestreckten Hafen-Rheininsel mit seinem innovativen grenzüberschreitenden **Jardin des Deux Rives** und einer Fußgängerbrücke ins deutsche Kehl.

Quadrate vom Streifenmeister

»Wie ein Kinderspiel« heißt das 1500 m² große Werk von Daniel Buren und es bedeckt die gesamte riesige Fensterfront des Museums für moderne und zeitgenössische Kunst (MAMCS). Der Künstler, dessen Markenzeichen exakt 8,7 cm breite Streifen sind, arbeitet mit Vorliebe im Dialog mit der Architektur und dem Licht vor Ort. Ist das Farbenspiel mit Kirchenfenstereffekt nicht zugleich eine wunderbare Hommage an das Straßburger Münster?

NTEMPS

Erfolgsgeschichte Tram

Darauf sind die Straßburger stolz: Mit 60 km haben sie das längste Streckennetz ganz Frankreichs und einige Straßenbahnhaltestellen sind richtige Kunstwerke, wie die futuristische Rotunde von Guy Clapot auf der Place de l'Homme de Fer. Auf diesem zentralen Platz steigen fast ein Viertel der Fahrgäste ein, um und aus.

Alles im Fluss

Wo einst Schiffe ihre Ladung löschten, machen im Sommer Liegestühle das ehemalige Hafenareal zum Beachclub. Im 20. Jh. legte sich der Hafen wie ein Riegel zwischen Straßburg und den Rhein. Erst seit einigen Jahren rückt die Stadt an den Fluss heran und hat sich mit den Kanälen und Hafenbecken neue Freiräume erschlossen.

Ihr Straßburg-Kompass

#1
Einfach überragend – **Cathédrale Notre-Dame**

ZUM SCHWINDELIGWERDEN

#2
Gekommen, um zu bleiben – **Place de la Cathédrale**

HIER STEHT JEDER EINMAL

#3
Schlaraffenland für Foodies – **Rue des Orfèvres**

FEINES für zu Hause

WOMIT FANGE ICH AN?

#12
Kaiserliche Prachtbauten – **Place de la République**

ZU BESUCH BEI TOMI UNGERER

#13
Wissenschaft für alle – **das Universitätsviertel**

FAKTEN, FAKTEN, FAKTEN

#14
Anzug trifft Jeans – **Europaviertel und Parc de l'Orangerie**

Die EU rückt zusammen

#15
Nah am Wasser gebaut – **Archipel culturel**

Straßburg erfindet sich neu

Barockoko

#4

Ein Kardinal und drei Museen – **im Palais Rohan**

Ganz relaxt im HIER und JETZT

#5

Entspanntes Szeneviertel – **um die Place du Marché Gayot**

Strandleben à la Strasbourg

#6

Zwischen Fluss und Fachwerk – **an den Ill-Kais entlang**

von Winstub zu Winstub

#7

Kulinarische Stadtteiltour – **durch die Krutenau**

»DAS KLEINE FRANKREICH«

#8

Ein Hauch Venedig – **Petite France**

TRÈS MODERNE

#9

Neue Maßstäbe – **Musée d'Art Moderne et Contemporain**

GANZ SCHÖN BUNT HIER!

#10

Trip ins Mittelalter – **St-Pierre-le-Jeune Protestant**

IN SZENE GESETZT

#11

Großer Auftritt für die Oper – **Place de Broglie**

#1

Einfach überragend – **Cathédrale Notre-Dame**

Meistens kommt es anders … Diese Binsenwahrheit gilt erst recht, wenn an einem Bauwerk so lange gearbeitet wird wie am Straßburger Münster. Die Bauzeit reichte von 1176, als ein verheerender Brand einen Neubau erzwang, bis ins Jahr 1439, in dem der Kölner Baumeister Johannes Hultz der Fassade in 142 m Höhe die spätgotische Turmspitze aufsetzte.

Tief unten in der Erde bestimmen noch die Grundmauern des romanischen Vorgängerbaus große Teile der himmelwärts strebenden Kirchenanlage: So funktionierte Kostenminimierung im Mittelalter.

Dieses Meisterwerk der Gotik, eines der eindrucksvollsten Gotteshäuser Europas, ist nicht nur einen Besuch, sondern eine Extra-Reise wert. Nähert man sich der Kathedrale über die Rue Mercière, scheint die Kirchenfassade immer

höher anzuwachsen, während die vierstöckigen Fachwerkhäuser nebenan zu baulichen Zwergen schrumpfen. Zwei hätten es werden sollen, doch über dem komplizierten Muster des Stab- und Maßwerks an der Münsterfassade erhebt sich nur ein einzelner Turm – der Baumeister Ulrich von Ensingen gab hier jeglichen Gedanken an Symmetrie auf, um im Wettstreit spätmittelalterlicher Städte um den höchsten Kirchturm zu punkten.

Deutsche Geistesgrößen besangen das Straßburger Münster hymnisch, Goethe schrieb überwältigt: »Wie das festgegründete ungeheure Gebäude sich leicht in die Luft hebt; wie durchbrochen alles und doch für die Ewigkeit.« ›Französisch‹ oder ›deutsch‹, lautete damals eine heiß diskutierte Frage. Die aktuelle Kunstgeschichte spricht nun ein salomonisches Urteil: Einflüsse aus verschiedenen Zentren der Gotik machen das Münster zu einer wahrhaft europäischen Größe.

Comics des Mittelalters

Eine Harfe aus Stein hat Karl Friedrich Schinkel die **Westfassade** 1 mit ihren drei Figurenportalen, der exquisiten 16-teiligen Fensterrose und den filigranen Maßwerkpartien darüber genannt. Für die 1277 begonnenen unteren Partien zeichnet der Baumeister Erwin von Steinbach verantwortlich. Das Thema des Tympanons am **nördlichen Nebenportal** 2 ist die Jugend Christi, die Gewändestatuen stellen die Tugenden und Laster dar. Wie eine feine Damengesellschaft mit einem Herrn wirken die Klugen und Törichten Jungfrauen am **südlichen Nebenportal** 3. Der Versucher vorne links, von Angesicht ein schöner Adliger aus dem 13. Jh., zeigt auf seiner mit Kröten und Schlangen besetzten Kehrseite, wer er in Wahrheit ist.

Wie mittelalterliche Comicstrips führten die Skulpturenprogramme der Kirchen die Geschehnisse der Bibel den größtenteils leseunkundigen Gläubigen jener Zeit plastisch vor Augen. So auch am **Hauptportal** 4: Die Gewändestatuen sind die Propheten des Alten Testaments, im Tympanon wird von Jesus' Einzug in Jerusalem (links unten) bis zu seiner Himmelfahrt (oben) erzählt.

L
LICHT

Laser und farbige Strahler setzen die Fassade des Münsters in der Dunkelheit in Szene, eine Illumination in 3D zum Staunen, die ganz neue Eindrücke mittelalterlicher Baukunst vermittelt. **Son et Lumière** heißt das Spektakel, das im Juli und August abends für Oohs und Aahs sorgt – bei den Licht-Shows mit musikalischer Untermalung werden die Kathedrale und historische Gebäude in ihrem Umkreis effekt- und stimmungsvoll angestrahlt.

▶ INFOS & LESESTOFF

Noch mehr Wissenswertes über Baugeschichte und Architektur des Straßburger Münsters steht im **Kunstreiseführer Elsass** von Susanne Tschirner. Einen virtuellen Rundgang inklusive Krypta und Blick von der Aussichtsplattform ermöglicht www.alsace-360.fr/visit/www/cathedrale-strasbourg.fr/

Straßburger Münster

Ungleich berühmter ist das um 1220/30 entstandene **Südportal** 5 und hier besonders die beiden flankierenden Statuen der Ecclesia, Verkörperung der siegreichen Kirche, und der Synagoge, Verkörperung der jüdischen Religion. Die zerbrochene Lanze, die zu Boden gleitenden mosaischen Gesetzestafeln und die Blindheit suggerierende Augenbinde sind sprechende Zeichen des kirchlichen Antisemitismus jener Zeit.

Keine Frechheiten, bitte!

Puh, ist das hoch: Dies fällt so manchem ein, der das über 30 m hohe, lichte **Langhaus** 6 betritt. Es wurde im Stil der großen französischen Kathedralen nach nur 30 Jahren Bauzeit 1275 vollendet. Bündel zarter Säulen ummanteln die Pfeiler und helfen, das Gewicht der Gebäudemassen zu tragen.

Die **Orgel** 7 ist so gigantisch, dass sie selbst unter dem hohen Gewölbe wie eingequetscht wirkt. Hinter dem bunt bemalten Orgelgehäuse von 1385 hockte einst der ›Roraffe‹, ein launiger Geselle, der den Gläubigen unten im Kirchenschiff Frechheiten und Obszönitäten zurief. Gegen solche Auswüchse spätmittelalterlicher Religionspraxis predigte von 1478 bis 1519 der berühmte Humanist Geiler von Kaysersberg. Ihm zu Ehren meißelte Hans Hammer die **Kanzel** 8 fein wie ein Spitzentuch. Am Aufgang hat er Geilers kleinen Hund dargestellt, der der Legende nach während der Predigten seines Herrn geduldig schlief. Bunte Lichtbündel fallen durch die mittelalterlichen Glasfenster ein, so durch den **Zyklus der deutschen Kaiser und Könige** 9 im nördlichen Seitenschiff, ein besonders kostbarer Schatz des Straßburger Münsters.

Blick zurück

Geht man durchs Langhaus zu Querhaus und Apsis vor, bewegt man sich in der Baugeschichte rückwärts. Am **nördlichen Querschiff** 10 begannen die Straßburger 1176 mit dem Neubau. Die robusten Säulen und die kompakteren Baumassen machen im Vergleich zum Langhaus das so ganz andere Raumgefüge der Spätromanik spürbar. Noch weiter in die Zeiten zurück führt der Weg hinunter in die **Krypta** 11, deren archaische Würfelkapitelle und Säulen bis ins 11. Jh. hineinreichen.

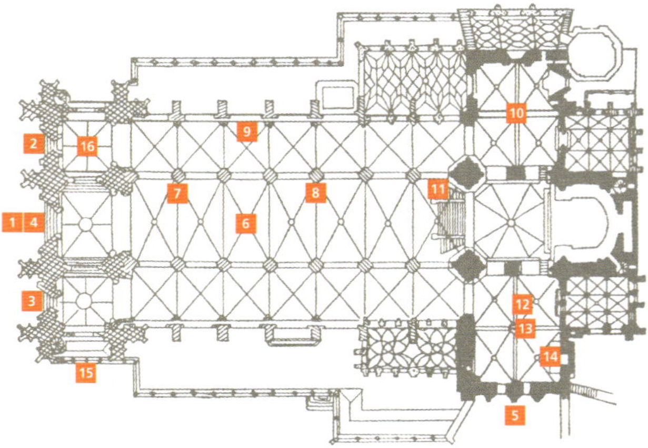

Cityplan: D 6 | **Tram** Langstross/Grand'Rue

INFOS/ÖFFNUNGSZEITEN

Münster: tgl. 7–11.20, 12.40–19 Uhr, So vormittags wegen der Messe keine Besichtigung, www.cathedrale-strasbourg.fr
Astronomische Uhr 14: tgl. 11.20 Uhr, Einlass Südportal, Mo–Sa 12 Uhr thematischer Film, 12.30 Uhr Durchgang der Apostel, Eintritt 2 €, So gratis
Aussichtsplattform 15: April–Sept. 9.30–20 Uhr, Okt.–März 10–18 Uhr, Eintritt 5 €

KULINARISCHES FÜR ZWISCHENDURCH

Unter Stichen mit elsässischen Motiven, in vielen schmalen, verschachtelten Räumen mit kleinen Tischen, isst man im **Tire-Bouchon** Deftiges wie Jambonneau oder Feines wie Duo von Gänseleberpastete. Ausgezeichnete Karte elsässischer Weine (5, rue des Tailleurs de Pierre, T 03 88 22 16 32, www.letirebouchon.fr, tgl. 11.30–15, 18–24 Uhr, Menü ab 24,90 €).
Auch die kleine **Brasserie Le Roi et son Fou** (37, rue du Vieil Hôpital, T 03 88 23 22 22, http://le-roi-et-son-fou.zenchef.com, Mo–Sa 8–20, So 9–20 Uhr, Mittagsmenü 13,90 €) ist trotz der Nähe zum Münster eine Empfehlung. Etwas versteckt in einer unscheinbaren Seitenstraße gelegen, werden die roten Lederbänke auch von Einheimischen in Beschlag genommen. Selbst im Winter ist die Außenterrasse beliebt, da beheizt und mit Markisen gegen Regen geschützt.

Von der Schönheit des Jüngsten Gerichts

Blickfang Nummer eins im **südlichen Querschiff** 12 ist der von schlanken Statuen ummantelte zentrale Pfeiler, **Engelspfeiler** 13 genannt. Über den vier Evangelisten blasen vier Engel die Trompeten des Jüngsten Gerichts, darüber thront Christus als Weltenrichter, umgeben von drei weiteren Engeln. Anmutige, lebensecht wirkende Gebärden, Gewän-

Die heutige Astronomische Uhr ist schon die dritte: Einige Teile der ersten Uhr sind im Straßburger Musée des Arts Décoratifs zu sehen – darunter der berühmte Hahn, der als ältester Figurenautomat der Welt gilt (um 1350).

der in feinem Faltenwurf, überschlanke Körper: So formvollendet, mit einem Meisterwerk gleich am Beginn, kündigte sich um 1225 der neue, in der Ile de France entstandene Stil der Frühgotik an.

Blickfang Nummer zwei ist die **Astronomische Uhr** 14. Dieses Wunderwerk der Technik des 16. Jh. zeigt die Mondphasen, das kopernikanische Planetarium mit den Tierkreiszeichen, Wochentage und den Jahreskalender. Seine zahlreichen Figuren sind sich bewegende Automaten. So zieht jede Viertelstunde eines der personifizierten vier Lebensalter vor dem Sensenmann vorbei, der die vollen Stunden schlägt. Für den berühmten Apostelumgang wird die Kathedrale mittags geschlossen, gegen Eintritt kann man dann sehen, wie die zwölf Apostel vor dem segnenden Christus vorbeiziehen.

O
OOOOH!

Zweimal im Jahr warten Hunderte von Menschen auf ein mysteriöses Phänomen: Ein grüner Lichtstrahl erleuchtet die gekreuzigte Jesusfigur an der Kanzel. Für kurze Zeit im Frühjahr und Herbst, wenn Tage und Nächte gleich lang sind und die Sonne scheint, wandert der grüne Strahl wie ein Finger durch die Kirche, ganze 15 Minuten lang.

Vom Winde verweht

332 Stufen führen im Münster nach oben. Durch ein Labyrinth aus Dächern, Strebebögen und Statuen geht es hinauf zur windumtosten Aussichtsplattform 15 in 66 m Höhe. Nach hier oben dringt der Lärm der Domplatte nur gedämpft hinauf. Über das Dächermeer der Stadt erblickt man in der Achse des achteckigen Vierungsturms das Europaparlament, im Westen die Vogesen. Der 142 m hohe **Turm** 16 war bis zur Vollendung der Hamburger Nicolaikirche 1874 der höchste der Christenheit.

UM DIE ECKE

Im **Musée de l'Œuvre Notre-Dame** (► S. 28) werden diejenigen originalen Münsterstatuen vor der Witterung geschützt, die den Bilderstürmern der Revolution entgangen sind. Die heutigen Skulpturen am Bau sind Kopien oder freie Nachschöpfungen aus dem 19. Jh.

Gekommen, um zu bleiben – **Place de la Cathédrale**

#2

Fliegende Händler und Straßenmusikanten, Souvenirläden und Terrassencafés suchen auf der Place de la Cathédrale die Aufmerksamkeit von Besuchern aus aller Welt. Kein Wunder also, dass im Schatten des Münsters stets dichtes Gedränge herrscht – rund um die Kathedrale zieht sich das touristische Straßburg bis in die Seitenstraßen.

Und doch lohnt es sich, genauer hinzusehen, weil die wechselnden Lichtverhältnisse viel zur Atmosphäre des Platzes beitragen: Abends, wenn die Fassade der **Cathédrale Notre-Dame** 1 im goldgelben Licht erstrahlt, hat er eine feierliche, nahezu unwirkliche Atmosphäre. Tagsüber ist er ein geschäftiger Treffpunkt von Schülerklassen und Reisegruppen, während man die Straßburger meist daran erkennt, dass sie ihn zielstrebig

Selten haben Besucher den Kathedralen-Vorplatz ganz für sich. Aber wer nicht gerade kommt, wenn alle da sind, morgens oder abends, erlebt doch so etwas wie Stille und Einkehr.

INFOS/ÖFFNUNGSZEITEN

Musée de l'Œuvre Notre-Dame 6: 3, place du Château, Di–So 10–18 Uhr, Eintritt 6,50 €, ermäßigt 3,50 €.

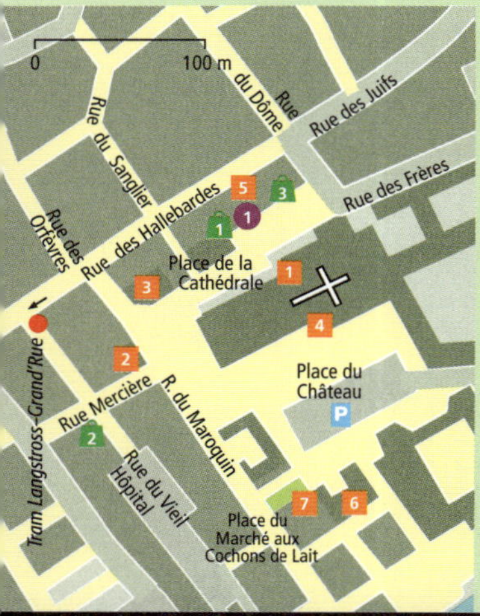

KULINARISCHES FÜR ZWISCHENDURCH

Das Restaurant in der **Maison Kammerzell 3** (16, pl. de la Cathédrale, T 03 88 32 42 14, www.maison-kammerzell.com, tgl. 11.30–14.30, 19.30–23 Uhr, Hauptgerichte 20–27 €) ist zwar nicht so alt wie das Gebäude selbst, aber seit etwa drei Jahrzehnten gilt es als Ikone der Straßburger Esskultur – durchaus mit Ambitionen. Trotz der touristischen Location ist es nicht zu teuer. Im Sommer sitzt man mit Kathedralblick draußen, an kälteren Tagen drinnen hinter Butzenscheiben.

Das italienische Weinbistro **In Vino Veritas 1** (25, pl. de la Cathédrale, T 03 88 32 75 85, www.restaurant-invinoveritas.fr, Mo–Sa 12–22.30 Uhr, warme Küche mittags und abends, à la carte 35 €) besticht durch die konsequente Orienterung am Slowfood-Gedanken, mit Bioweinen und nachhaltig erzeugten Zutaten für Antipasti, Pasta, Carne und Dolci.

Cityplan: D 6 | **Tram** Langstross/Grand'Rue

überqueren. Herden von Plüschstörchen, dem Wappentier des Elsass, und Batterien von Postkarten von Hansi, dem ›Nationalmaler‹ des Elsass, dekorieren die Andenkenläden. Werden sie je gekauft? Sie werden.

Abnehmen leicht gemacht

Um die Bogenfenster der **Pharmacie du Cerf 2** an der Ecke zur Rue Mercière ranken sich spätmittelalterliche Skulpturen. Die Drachenmama, die ihr Junges zart im Maul hält, belegt die Vorliebe dieser Zeit für das Skurrile und Fantastische. 2000 geschlossen, war die seit 1260 hier ansässige Apotheke eine der ältesten Europas. ›D'Büchmesser‹ nannten die Straßburger die Ecksäule, will heißen, wessen Bauch nicht mehr durch den Raum zwischen Säule und Mauer passte, sollte besser abnehmen.

Im Narrenschiff

Es kann nur eine geben, und das ist die **Maison Kammerzell 3**. Auf einem steinernen Unterge-

▶ INFOS

Die ehemalige Pharmacie du Cerf heißt heute **Boutique Culture 2**. Unter den gotischen Gewölben und Fresken des elsässischen Historienmalers Leo Schnug (1878–1933) promotet die Boutique alle kulturellen Veranstaltungen Straßburgs sowie der Eurometropole und verkauft die passenden provisionsfreien Tickets (10, place de la Cathédrale, T 03 88 23 84 65, Di–Fr 12–19 Uhr).

schoss von 1467 ruhen mehrere Fachwerkgeschosse aus der Renaissance von 1589. Der überbordende Schnitzschmuck zeigt an der zum Münster gerichteten Fassade unter den Fenstern die Tierkreiszeichen, zwischen den Fenstern des ersten Stocks die »Fünf Sinne« und darüber die »Menschenalter«. Die Westseite schmücken unter den Fenstern 15 »Musikanten«, zwischen den Fenstern die »Neun Helden und Heldinnen« und am Eckpfosten die drei göttlichen Tugenden »Glaube, Liebe, Hoffnung«.

Jedes Geschoss kragt ein wenig mehr vor, die übliche Bauweise in den beengten Platzverhältnissen des mittelalterlichen Straßburg. Wer dem Ganzen auf den Grund gehen möchte, sucht am Südportal des Münsters, in etwa 2 m Höhe hinter der Statue des Erwin von Steinbach, eine in einen Stein eingelassene **gotische Inschrift** 4: »Dis ist die Mase des Überhanges.« Seit 1298 betrug das erlaubte Maß, um das erste und zweite Etage jeweils übers Erdgeschoss vorragen durften, genau 90 cm!

Das **Restaurant** in der Maison Kammerzell ist zwar nicht ganz so alt wie das Gebäude selbst, aber seit etwa drei Jahrzehnten gilt es als eine Ikone der Straßburger Esskultur mit stets gleichbleibender Qualität. Selbst beim Essen gibt es in der Maison Kammerzell noch was zu sehen: Fresken Leo Schnugs schmücken die Wände, im gotisch überwölbten Erdgeschoss das Narrenschiff frei nach Sebastian Brant, dazu so aufmunternde Themen wie Henkersmahlzeit und Tantalus in den Fängen des Alkoholismus. In den oberen Stockwerken geht es mit dörflichen Szenen eher burlesk als schwermütig zu.

Freiheit, Gleichheit, Brüderlichkeit

Das bunte Aushängeschild der **Antiquités Bastian** 5 zeigt die Kathedrale, kurioserweise mit einer roten Zipfelmütze bedeckt. Darüber verdreht sich der Bronzekopf des einstigen Bewohners Jean-Michel Sultzer in Richtung Münster. Jean-Michel wer? Man schreibt das Jahr 1794. Eifrige Revolutionäre haben das Münster in einen ›Tempel der Vernunft und des Höchsten Wesens‹ umgewidmet. Dennoch fordern sie den Abriss des ›steinernen Monsters‹ – es bedrohe, revolutionär betrachtet, die Gleichheit. Sultzer, seines Zeichens Kunstschmied, schlägt vor, den anstößi-

N
NOCH WAS

Eine »unelsässische Schande« habe der Gastronom Guy-Pierre Baumann begangen. Das warf ihm der Conseil Régional, der Regionalrat, Ende der 1970er-Jahre vor. Was hatte er angestellt? Der Besitzer des Lokals in der Maison Kammerzell und weiterer Straßburger Restaurants und Hotels hatte als Erster gewagt, das traditionelle elsässische Sauerkraut nicht mit Würsten und Fleisch, sondern mit Fisch zu servieren – zu revolutionär für die damalige Zeit. Inzwischen ist die ›Schande‹ von damals in vielen Variationen gängige Praxis.

Freude, Skepsis, Erstaunen? Rätseln Sie im Frauenwerkmuseum selbst, von welchen Gefühlen diese Figuren übermannt werden.

gen Turm mit einer 10 m hohen, knallroten Jakobinermütze zu verhüllen. Er setzt den Vorschlag in die Tat um und rettet damit den Turm.

Bonbon für Kunstliebhaber

Das **Musée de l'Œuvre Notre-Dame** 6 (Frauenwerkmuseum) auf der Südseite der Kathedrale zeigt nicht nur die aus konservatorischen Gründen ausgelagerten Originalskulpturen des Doms, sondern auch eine exquisite Sammlung oberrheinischer Kunst vom 11. bis 17. Jh. Neben dem kostbaren Glasbild des »Christus von Weißenburg« bildet die Rekonstruktion des Kreuzgangs von Eschau den Höhepunkt der romanischen Abteilung. Im großen Saal der gotischen Originalskulpturen des Münsters kann man die zwölf tapsigen Löwen vom Wimperg des Hauptportals oder Ecclesia und Synagoge vom Südportal en détail studieren. Den Schwerpunkt des Museums bildet die sog. Rheinische Schule des Spätmittelalters. Highlights sind hier die Werke des Basler Malers Konrad Witz (um 1400–46), die Glasbilder des Straßburgers Peter Hemmel von Andlau (tätig um 1447–1505) sowie die

▶ LESESTOFF

Der französische Historiker Jacques Le Goff hat viele interessante, auch ins Deutsche übersetzte Bücher über das Mittelalter geschrieben, über die Rolle des Geldes und des Körpers, über Ritter, Helden und Wunder. Viele sind allerdings nur noch antiquarisch erhältlich.

ausdrucksstarken, physiognomisch genau herausgearbeiteten Büsten des niederländischen Bildhauers Nikolaus Gerhaert von Leyden, der von 1463 bis 1467 im damaligen Kunstzentrum Straßburg arbeitete.

Rätselhaft-schlicht und meisterhaft ausgeführt – die Stillleben des Straßburger Malers Sébastian Stoskopff (1597–1657) ziehen den Betrachter unwillkürlich in ihren Bann. Hauchdünne Gläser, funkelnde Pokale und Erdbeeren zum Anbeißen scheinen ein sinnliches Fest des Lebens zu feiern und sind doch auch ein allegorisch-moralisierendes Memento mori.

Ruhe vor dem Sturm

An dem stillen Gässchen der Passage Hans Haug liegt ein **Kräutergarten 7**, der nach mittelalterlichen Vorbildern angelegt wurde. Das Renaissance-Fachwerkhaus an der Ecke – es gehört wie der Garten zum Musée de l'Œuvre Notre-Dame – wurde 1930 Balken für Balken von der Rue d'Or hierher versetzt.

Mit Betreten der Rue du Maroquin, der einstigen Schusterstraße, hat die Beschaulichkeit ein Ende. In den schmalbrüstigen Fachwerkhäusern aus dem 16. bis 18. Jh. reiht sich Winstub an Winstub und Touristenströme flanieren über das holprige Pflaster.

UM DIE ECKE

Auf der Nordseite der Kathedrale bieten sich zahlreiche Möglichkeiten zum kultivierten Einkauf in Traditionsgeschäften. Die **Vitrines d'Alsace 1** (18, pl. de la Cathédrale, Mo–Sa 10–19 Uhr) gleich neben der Touristeninformation bieten elsässische Souvenirs wie Tischdecken, Obstbrände, Porzellan, Glas und Spindler-Intarsienbilder an. Die typischen Stoffe aus dem Elsass sind bei **Nappes d'Alsace 2** zu haben (6, rue Mercière, Di–Sa 9.30–12, 14–18.30 Uhr): Am laufenden Meter ebenso wie schon zu Sets oder Tischdecken verarbeitet, gibt es Kelsch-Leinen, die Textilien der Manufaktur Beauvillé und Jacquards. Nicht ohne meinen Hut: Die **Chapellerie Medernach 3** ist eine Bastion der Hutmacher-Tradition und verkauft Kopfbedeckungen aller Art (27, pl. de la Cathédrale, Mo–Sa 9.30–19 Uhr).

Ü ÜBRIGENS

Mit Höllenqualen bestraft: »Les Amants Trépassés« aus dem Jahr 1470 zeigt im Frauenwerkmuseum auf drastische Art und Weise, womit Fleischeslust in der Hölle bestraft wurde – das ausgemergelte nackte Paar wird von Schlangen und anderem Getier angenagt. Tatsächlich war dieses Gemälde eines unbekannten oberrheinischen Meisters einst die Rückseite eines Doppelporträts zweier Liebender, das heute dem Museum in Cleveland (USA) gehört. Die Gegenüberstellung beider Fassungen sollte die Vergänglichkeit alles Irdischen und den Zusammenhang von sündigem Leben und hässlichem Tod demonstrieren.

3

Schlaraffenland für Foodies – **die Rue des Orfèvres**

Diese schmale Straße sendet Lockrufe an Gourmets und Gourmands aus: Deftige Wurstwaren, edle Gänseleberpasteten, fruchtige Pâtisserie, aromatische Käselaibe liegen wie zum Anbeißen drapiert in den Schaufenstern. Schade nur, dass die dazwischengestreuten Modegeschäfte immerzu an das schlechte Gewissen figurbewusster Menschen appellieren …

In der Fußgängerzone nördlich der Kathedrale ziehen kulinarische Köstlichkeiten so sehr die Blicke auf sich, dass die Passanten kaum einmal nach oben schauen. Das ist schade, denn im 18. Jh., dem Goldenen Zeitalter der Goldschmiedekunst, ließen sich die Granden dieser einflussreichen

Elegant, edel, erlesen: Die Pralinen von Chocolat Weiss werden wie Schmuckstücke präsentiert – mit Folgen fürs Reisebudget.

Zunft hier ansehnliche Häuser bauen. Carré d'Or, das Goldene Viertel, nennt sich der Bereich der benachbarten Fußgängergassen heute.

Verstecktes im Innenhof

Ein schmaler Eingang bei Hausnummer 24, den Sie leicht übersehen, führt in einen von Fachwerkhäusern des 14.–17. Jh. umgebenen **Innenhof** 1. Er ist typisch für die damalige Wohnsituation, denn nicht alle Häuser in der stark parzellierten Innenstadt hatten einen eigenen Straßenzugang. Ein Graveur, ein Antiquariat für ausgesuchte alte Bücher sowie ein kleiner Antiquitätenladen bieten die passenden Dinge für diese stille, kleine Hinterhofwelt an. Gegenüber liegt das 1739 errichtete **Haus Zum Goldenen Weltspiegel** 2 mit einer passenden Türvignette – früher hatten die Häuser keine Nummern.

Nichts für Vegetarier

Seit 1852 stellen fünf Generationen von Traiteurs der Familie Bruck *foie gras* her, unverzichtbar in der gehobenen elsässischen Küche als Gänseleberpastete, serviert mit Weingelee, Toast oder Brioche. In ihrer kleinen **Boutique du Gourmet** 1 wird man fachmännisch beraten, was ihre unterschiedlichen Formen angeht (► S. 32).

Bei **Wolfberger** 2 bekommen Sie den passenden Wein, ob einen Gewürztraminer zur Gänseleber oder einen Riesling zum Presskopf! Beim Verdauen helfen die hochprozentigen Obstbrände. Die größte Elsässer Winzergenossenschaft hat früh erkannt, dass die Qualität stimmen muss, um Wein erfolgreich zu vermarkten. Hinter der langen Fassade gegenüber liegt das Fleischimperium von **Frick-Lutz** 3. Es entstand 1830 aus der Heiratsfusion der Metzgerwitwe Frick von Nr. 14 mit dem Metzger Lutz von Nr. 16. Die Straßburger Metzger und ihre Erzeugnisse sind in Frankreich einzigartig. Über 60 Gesellen bereiten heute Pasteten, Gänseleber und geräucherte Waren, Choucroutes und gefüllte Spanferkel zum Mitnehmen, Fleischwurst, Landjäger, die dunkle Elsässer Blutwurst und die berühmten Knacks (Brühwürstchen) zu. Den **Hauseingang von Nr. 14** 3, im 18. Jh. Heim des berühmten Goldschmieds Jacques-Henri Alberti, schmückt ein reizendes Rokokorelief mit Störchen.

S
SAUER

Wer hat's erfunden? Das als typisch deutsch geltende Sauerkraut ist als Choucroute auch eine Elsässer Spezialität. Früher, als die Elsässer ihr Sauerkraut noch selber machten, kamen Krautschneider auf die Höfe, schnitten den Kohl mit großen Krauthobeln und entfernten den Strunk mit speziellen Krautbohrern, anschließend traten die Kinder das Kraut mit den Füßen. Dann lagerten die Bauern den Kohl in großen Steinguttöpfen, die Milchsäurebakterien taten ihre Arbeit und verwandelten den Kohl in ein Vitamin-C-haltiges Grundnahrungsmittel, das lange haltbar war.

F
FOIE GRAS

Foie gras entier, die ganze, etwa ein Pfund schwere rohe Gänse- oder Entenleber, ist das Ausgangsprodukt für viele Spezialitäten. Damit sie schmeckt, muss man sie braten. Zum Mitnehmen eignet sich eher die Leberpastete (*Foie gras en bloc*). Frisch schmeckt sie am besten, gekühlt hält sie sich bis zu drei Wochen. Als Halbkonserve im Glas ist sie gekühlt bis zu neun Monate haltbar. *En conserve*, in der Konserve, ist schon viel Aroma verlorengegangen, dafür hält sie sich ungekühlt etwa vier Jahre. Dann gibt es sie noch in Blätterteig oder Gelee, mit oder ohne Trüffel, rund oder trapezförmig ...

Straßburgs Schokoladenseite

Die linke Straßenseite gehört den salzigen Delikatessen, die rechte den süßen. In den großen Fenstern der grauen Holzfassade von Patissier und Traiteur **Naegel** 4 warten verführerisch aussehende Obst- und Schokotörtchen, duftige Croissants und Brioches, aber auch Pizzen, Sandwiches und Quiches auf ihre Käufer. Sie müssen nicht lange warten, denn das 1927 gegründete Unternehmen ist eine Straßburger Institution, die Kunden stehen fast immer Schlange.

Edel, eher leer und streng in Grautönen gehalten ist die kleine Boutique von **Chocolat Weiss** 5. Auch sie ein Traditionsbetrieb, 1882 gegründet. Bis zu 85 % Kakao enthalten die dunklen Köstlichkeiten des passionierten Chocolatiers, die ohne Konservierungs- und Farbstoffe auskommen.

Alles Käse?

Die Käseveredler Cyrille und Christelle Lorho nennen es lieber duften als müffeln, was ihre knapp 250 Käsesorten so von sich geben. Entgegen dem deutschen Sprichwort ›Käse schließt den Magen‹ kommt der *fromage* in der französischen Speisenfolge nach dem Fleischgericht und vor dem Dessert. Zur Auswahl stehen in der **Maison Lorho** 6 pfundsschwere Laibe aus Rohmilch, sorgfältig per Hand auf den Almhöfen der Vogesen hergestellter Munster fermier oder kleine, mit Blauschimmel überzogene Ziegenkäse. Zu den nur saisonal angebotenen Raritäten zählen Brie mit Trüffeln oder Erdbeeren, 140 Monate (kein Druckfehler!) gereifter Parmigiano Reggiano oder Bleu de Termignon.

Knusprige Kruste

Westermann ist ein Name, der in Straßburg gleich kulinarische Assoziationen weckt – der Drei-Sterne-Koch Antoine Westermann führte lange das Restaurant Buerehiesel, bevor er mehrere Lokale in Paris und New York eröffnete. In Straßburg hat sein Sohn Eric Westermann übernommen und sich mit Bruder Jean zudem auf das Metier des Großvaters rückbesonnen, der Bäcker war. Bei **Pains Westermann** 7 in der Rue des Orfèvres wird nun täglich frisch gebacken – mehr als 20 Sorten knuspriges Brot sowie süßes und salziges Gebäck.

Kunst an Praline

Die Rue des Orfèvres führt auf die 1877 im neoromanischen Stil errichtete Kirche **Temple Neuf** 4. Sie ist prunkvoll ausgestattet und der Prediger Johannes Tauler, der 1361 starb, verschwindet hinter einer Grabplatte. Ein paar Schritte auf der Rue du Temple Neuf führen zu Thierry Mulhaupts Süßwaren- und Schokoladenboutique **Epice et Chocolat** 8. Mulhaupt, mit etlichen Kulinaria-Preisen bedacht, ist ein wahrer Künstler, seine Kreationen sind Gaumen- und Augenschmaus zugleich. Kein Wunder, er studierte an der Kunsthochschule und malt. Sein Laden zeichnet sich durch edles, zurückhaltendes Design aus. Hier bekommen Sie feinste Gewürze, Tee, eingelegte Früchte, Schokolade mit Szechuan-Pfeffer, Minigugelhupfs mit Gewürztraminer oder den berühmten Honigkuchen, eine verfeinerte Variante des Straßburger Traditionsgebäcks.

▶ LESESTOFF

Christophe Felder, Patissier, Chocolatier und Confiseur aus dem Elsass, hat mit **Die hohe Schule der Patisserie** ein echtes Standardwerk veröffentlicht.

INFOS/ÖFFNUNGSZEITEN

La Boutique du Gourmet 1: 26, rue des Orfèvres, www.bruck.fr, Mo 14.30–18.30, Di–Sa 9–12, 14.30–18.30 Uhr.
Wolfberger 2: 7, rue des Orfèvres, www.wolfberger.com, Mo 14–19, Di–Fr 10–12.30, 14–19, Sa 10–19 Uhr.
Frick-Lutz 3: 16, rue des Orfèvres, www.frick-lutz.fr, Mo 14–19, Di–Fr 8–19, Sa 8–18.30 Uhr.
Naegel 4: 9, rue des Orfèvres, www.maison-naegel.com, Di–Do 8.30–18.30, Fr 8–18.30, Sa 8–18 Uhr.
Chocolat Weiss 5: 7, rue des Orfèvres, www.chocolat-weiss.fr, Mo 14–19, Di–Sa 10–19 Uhr.
Maison Lorho 6: 3, rue des Orfèvres, www.maison-lorho.fr, Mo 15–19, Di–Do 9–19, Fr 8.30–19, Sa 8–19 Uhr.
Pains Westermann 7: 1, rue des Orfèvres, www.westermann.fr, Mo 10–19.30, Di–Do 8.30–19.30, Fr/Sa 8–19 Uhr.
Epice et Chocolat 8: 5, rue du Temple Neuf, www.mulhaupt.fr, Di–Fr 10–12.30, 13.30–18.30, Sa 9.30–12.30, 13.30–18 Uhr.

KULINARISCHES FÜR ZWISCHENDURCH

Bei **Naegel** 4 nutzen Kunden die Gelegenheit gern, sich Köstliches gar nicht erst einpacken zu lassen, sondern gleich vor Ort zu verzehren. Viel Platz dafür gibt es allerdings nicht – immer schön den Bauch einziehen.

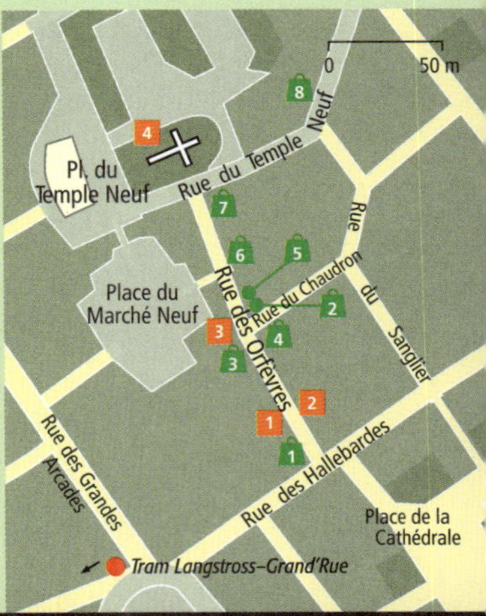

Cityplan: D 5/6 | **Tram** Langstross/Grand'Rue

#4

Ein Kardinal und drei Museen – **im Palais Rohan**

Im 18. Jh. gehörte Straßburgs prachtvollster barocker Stadtpalais dem höchsten Kirchenherrn der Stadt, dem Kardinal Rohan. Heute bietet er gleich drei Museen einen stilvollen Rahmen: dem Archäologischen Museum, dem Kunstgewerbemuseum und dem Gemäldemuseum.

Europäische Meister wie Botticelli, El Greco, Rubens, Zurbarán, Canaletto oder Delacroix nehmen im Musée des Beaux Arts die Parade ab.

Der **Palais Rohan** 1, das Schloss der Kardinäle von Rohan, ist eine prunkvolle Dreiflügelanlage um einen Innenhof, 1727–42 von den Pariser Modearchitekten Robert de Cotte und Joseph Massol im Régence-Stil errichtet und verschwenderisch mit Gemälden, Stuck und kostbaren Möbeln ausgestattet. Aus Platzmangel gab es keinen Garten, sondern eine Terrasse zur Ill hin. Wer heute von hier auf den Fluss schaut, mag sich in der Illusion wiegen, neben dem bezopften Hofstaat der renommierfreudigen Kirchenfürsten zu stehen.

Eine verhängnisvolle Affäre

Am Vorabend der Französischen Revolution, im Jahre 1785, spielte einer von ihnen, der Kardinal Louis René de Rohan-Guéméné, in der sog. Halsbandaffäre eine unrühmliche Hauptrolle. Der leichtlebige und offenbar auch leichtgläubige Kirchenfürst ließ sich von der Hochstaplerin Jeanne de la Motte-Valois nicht nur ins Prunkbett, sondern auch zu der fälschlichen Annahme verführen, die Königin Marie Antoinette höchstpersönlich werde ihm ihre Gunst gewähren, wenn er ihr ein mit 1,6 Mio. Livres sündhaft teures Diamantkollier kaufe. In Wahrheit verabscheute Maria Theresias Tochter den Kardinal – und hatte das Schmuckstück schon mehrfach als zu teuer zurückgewiesen. Als die falsche Madame Jeanne die Diamanten einzeln in London verscherbelte, platzte der ungeheure Schwindel. Der Kardinal wurde freigesprochen, die Betrügerin öffentlich gebrandmarkt. Den schwersten Schaden aber nahm das Königtum, das durch diese Affäre seinen Untertanen noch verhasster wurde. Wenige Jahre später fielen die königlichen Köpfe unter der Guillotine.

Museum im Dreierpack

Kleine Aufgeregtheiten sind das in den Dimensionen der Geschichte. Das **Musée de l'Archéologie** 2, eines der bedeutendsten Frankreichs, zeigt im Untergeschoss des Palais Rohan Funde aus dem Elsass von etwa 600 000 v. Chr. bis 700 n. Chr. Besonders in gallorömischer Zeit lebten die Elsässer recht luxuriös, wie importierte Gläser und Terra Sigillata aus der elsässischen Produktionsstätte Heiligenberg bezeugen. Die originalen keltischen Stelen des Donon-Heiligtums, die eigenartigen Hausgrabsteine der Kultur der Vogesensiedlungen und die Rekonstruktion des Mithras-Heiligtums von Straßburg-Königshofen sind absolute Hingucker. Schauer erwecken die merowingischen Schädel mit absichtlich herbeigeführten Deformationen und die Schädel mit tödlichen Verletzungen aus den ›dunklen Zeiten‹ des frühen Mittelalters.

Das **Musée des Arts Décoratifs** 3 im Erdgeschoss des Palasts umfasst zwei Abteilungen: die Staatsgemächer (Grands Appartements) der Rohan-Bischöfe, ausgestattet mit allem barocken Pomp, sowie das eigentliche Kunstgewerbemuseum mit dem Schwerpunkt 18. Jh.: Möbel, Goldschmiedeerzeug-

Ü ÜBRIGENS

Eine unscheinbar in den Boden eingelassene Platte zwischen dem Südportal der Kathedrale und dem Palais Rohan erinnert an die Aktion ›Mutarotnegra‹. Das ist Argentoratum, der römische Name Straßburgs, rückwärts gelesen – ein typisches Beispiel für die witzig-hintergründigen Inszenierungen des elsässischen Künstlers Raymond Waydelich. Erst im Jahr 3790 darf die am 2. September 1995 verfüllte Betongruft von ›Archäologen der Zukunft‹ geöffnet werden, die dann zahllose Alltagsobjekte wie eine Platte des Liedermachers Roger Siffer, Präservative, Coladosen und die Europäische Menschenrechtskonvention ausgraben werden.

INFOS/ÖFFNUNGSZEITEN

Museen im **Palais Rohan** 1: 2, place du Château, www.musees.strasbourg.eu, Mi–Mo 10–18 Uhr, Eintritt 6,50 €.

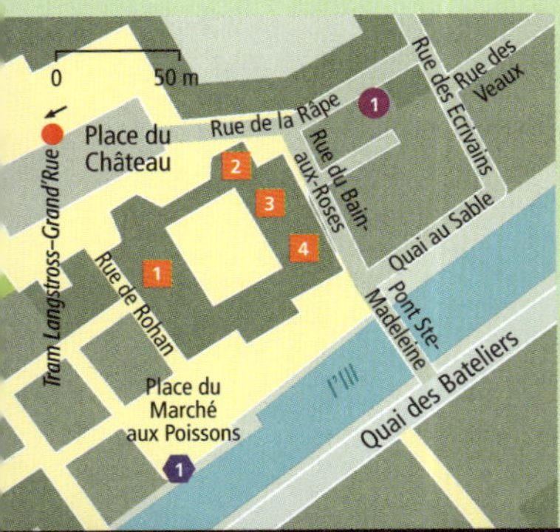

KULINARISCHES FÜR ZWISCHENDURCH

Viele junge Leute sitzen auf der Terrasse des **Bistrot et Chocolat** 1 (8, rue de la Râpe, T 03 88 36 39 60, www.bistrotetchocolat.net, Mo–Do 11–19, Fr 11–21, Sa 10–21, So 10–19 Uhr) oder im gemütlichen kleinen Innenraum mit dem Flair der 1950er-Jahre. Spezialität ist der Brunch Sa und So (10–16 Uhr): Auf einem Brett wird Salziges und Süßes im kleinen Glas serviert, etwa Pflaumen-Zimt-Joghurt, Mousse au Chocolat, Œuf Cocotte oder Artischockensalat, stets inklusive Fruchtsaft und Kaffee (13,50–25 €). Den Rest der Woche gibt's die köstlichen Kleinigkeiten einzeln, in erfreulicher Qualität zu erfreulichen Preisen, dazu Biosäfte, Bioweine, Salate, Suppen, heiße Schokolade, Kaffee und Tee.

Cityplan: D 6 | **Tram** Langstross/Grand'Rue

nisse, Zinn, Tafelsilber und Hannong-Porzellan aus den Werkstätten Straßburger Meister. Auch Bezüge zum Münster um die Ecke finden sich hier: der Originalhahn der ersten astronomischen Uhr von 1352 sowie Originalteile der heutigen Uhr.

Im **Musée des Beaux-Arts** 4 hängen Meisterwerke der europäischen Malerei vom 14. bis zum 19. Jh.: Giotto, Goya, Caravaggio, Rubens, van Dyck – alles, was Rang und Namen hat, ist versammelt. Die Stilllebensammlung mit alten holländischen Meistern des 17. Jh. ist, gerade vor dem Hintergrund der gastronomischen Potenz Straßburgs, ein besonderer Leckerbissen.

Ü
ÜBRIGENS

Die Dame mit dem exzentrischen Dreispitzhut lächelt geheimnisvoll. Das hat der »Schönen Straßburgerin« (»La Belle Strasbourgeoise«) von Nicolas de Largillière (1703) den touristenwirksamen Namen ›elsässische Mona Lisa‹ eingebracht. Sie hängt im **Musée des Beaux-Arts** 4.

UM DIE ECKE

Die Fahrt in den **Glasdachbooten** von Batorama führt von der **Bootsanlegestelle** 1 unterhalb des Palais Rohan auf der Ill um die Altstadt und bis zum Europaviertel. Den Kommentar gibt es über Kopfhörer auch auf Deutsch. Bei guter Witterung werden die Glasdächer hochgeklappt. Erw. 12,50 €, Kinder (4–12 Jahre) 7,20 €, Abfahrt 23. März–Dez. etwa halbstdl. 9.30–19.30 Uhr, im Sommer auch 20, 21, 22 Uhr, Jan.–22. März 4–8 x tgl. (T 03 88 84 13 13, www.batoramashop.com).

Entspanntes Szeneviertel – **um die Place du Marché Gayot**

#5

Im Sommer scheint der kleine Platz aus allen Nähten zu platzen, und auch im Winter zieht es Straßburgs ›jeunesse dorée‹ in die umliegenden Bars und Clubs. Ob jazzig, kultig oder stylish, die Place du Marché Gayot und die benachbarten Straßen Rue des Sœurs und Rue des Frères bilden ein entspanntes Szeneviertel.

Vier schmale Durchgänge führen von der Place du Marché Gayot auf die angrenzenden Straßen. Auf der Seite des **Cornichon Masqué** 1 ist das kopfsteingepflasterte, rechteckige Areal recht pittoresk: Kleine Fachwerkhäuser bilden den il-

Das Kronkorkenkleid im Schaufenster des Village de la Bière würde gut für eine Tour durchs Viertel taugen. Allein – es ist unverkäuflich.

lustren Rahmen zu Tischen, Menü-Schiefertafeln und einigen Bäumen.

Der klobige ›Meteorit‹, Daniel Pontoreaus »Pierre troué«, setzt einen künstlerischen Akzent. Der Bildhauer und Land-Art-Künstler widmete ihn Jean Clareboudt, einem vor Jahren auf mysteriöse Weise verschwundenen Bildhauer. Wie vom Himmel gefallen wirkt die massige Skulptur, doch bei näherem Hinsehen entdeckt man die Spuren menschlicher Bearbeitung. Der ›Stein‹ ist auch kein Stein, sondern Gusseisen, das im Laufe der Jahre – 1992 wurde die Skulptur installiert – eine ockerfarbene Patina angenommen hat.

Ganz relaxt den Abend einläuten – auf der Place du Marché Gayot ist für viele Nachtschwärmer Startpunkt.

An Sommerabenden geht es hier hoch her, fast italienisch, wenn sich die Nachtschwärmer, darunter viele Studenten, dicht an dicht drängen.

Zur Seite der Rue des Frères hin liegen zwei weitere Urgesteine des Straßburger Nachtlebens: Im **Le Saxo** 1 schlürft man seinen Drink bei leiser Hintergrundmusik. Mahagoniholz, Aluminium, Backstein, Schwarz-Weiß-Fotos und gedämpftes Licht ergeben ein rustikal-schickes Ambiente, in dem sich ein durchweg über 30 Jahre altes Publikum vergnügt. Die Cocktails sind gut und recht günstig.

Auch im Tages- und Nachtcafé **Le Gayot** 2 herrscht eine eher ruhige Atmosphäre, auf dem Klavier darf jeder Gast, der sich dazu berufen fühlt, herumklimpern. Beide Bars eignen sich eher dazu, mit Freunden ein Bier zu trinken und sich zu unterhalten, als heiße *soirées* zu feiern.

Eng und heiß

Für mehr Action sorgt die, wie sie sich selbst nennt, amerikanische Bar **Les Aviateurs** 3, eine der Mythen der Straßburger Nacht, die auch nach Jahrzehnten noch angesagt ist. Besonders hoch geht es zu später Stunde her. An den Wänden hängen Plakate und Fotos aus der namengebenden Luftfahrt, von der Decke zwei Flugzeuge. Das auch altersmäßig gemischte Publikum – Studenten und Parlamentarier, Künstler und Presseleute – amüsiert sich nach Kräften auf der Tanzfläche, deren Enge zur Kontaktaufnahme animiert.

Ruhiger geht es gegenüber in der Bar **L'Alchimiste** 4 zu. Der Wirt, ein Fan von Fantasy-

▶ INFOS

Unter http://strasbourg.curieux.net können Sie sich auf Deutsch und Französisch über aktuelle Konzerte, Partys, Tanzbälle, Karaoke, Ausstellungen und andere Events informieren.

Rollenspielen, macht dies mit Zauberbüchern und einem großen, künstlichen Baum in der Theke deutlich. Eigentlich geht es hier aber um Cocktails, geschüttelt und gerührt, und neben den üblichen Verdächtigen Waikiki und Bloo-

FÜR DEN HUNGER ZWISCHENDURCH

Cornichon Masqué 1: 17, place du Marché Gayot, T 03 88 25 11 34, Di–Sa 12–14, 19–23 Uhr, à la carte ca. 27 €. Das ›maskierte Gürkchen‹ ist an der Place du Marché Gayot so etwas wie die zentrale Institution, eine Kombination aus Resto und Treff, verwinkelt, eingerichtet mit flohmarktkompatiblem Krimskrams und mit viel Holz. Bei ordentlichem Hunger hält man sich ans Tagesgericht oder die regional-klassisch orientierte Karte. Oder man trifft sich einfach nur auf einen Wein oder ein Bier.

AUSGEHEN

Le Saxo 1: 8, rue des Frères, T 03 88 24 10 96, tgl. 11–3.30 Uhr.
Le Gayot 2: 18, rue des Frères, T 03 88 36 31 88, tgl. 11–1.30 Uhr.
Les Aviateurs 3: 12, rue des Sœurs, T 03 88 36 52 69, www.les-aviateurs.com, tgl. 19–4 Uhr.
L'Alchimiste 4: 3, rue des Sœurs, T 03 88 37 02 83, Di–Sa 21–4 Uhr.
La Java 5: 6, rue du Faisan, auf Facebook, Mo–Sa 21–4 Uhr.

ZUM STÖBERN

Village de la Bière 1: 22, rue des Frères, Di–Sa 10–12.30, 14.30–19.30 Uhr.
Améthyste 2 (3, rue des Frères, www.amethyste-shop.com, Di–Fr 13.30–19, Sa 10–12, 13–19 Uhr) verkauft seinem Namen getreu Mineralien, Schmuck und Fossilien. Dekorative Bergkristallstufen stehen neben extravagant geformten Muscheln und Schnecken, Ketten aus poliertem Lapislazuli oder Koralle wetteifern mit Ammoniten und anderen Millionen Jahre alten Versteinerungen.

Cityplan: D 5/6 | **Tram** Langstross/Grand'Rue

dy Mary gibt es auch so düster-geheimnisvolle Mischgetränke wie 666.

Nichts wie hin

La Java 5 ist eine heiße, von Generationen von Studenten geprägte *bar-boîte* (Bar und Club). Ein Blick auf Facebook lohnt, wo über Auftritte von Bands und die regelmäßigen Themenabende wie Soirée Etudiante oder Erasmus informiert wird. Kult ist ›Le Challenge du Barmann‹ am Dienstag, wenn verschiedene Studentenvereinigungen im Quiz gegeneinander antreten. Die Musik dieser Straßburger Standardadresse kennt nicht nur die Charts, sondern auch Rock, Indie, Hip-Hop und Jazz.

Ü
ÜBRIGENS

Donnerstag ist der neue Freitag: Wegen der vielen Studenten und Berufstätigen, die am Wochenende aus der Stadt verschwinden, hat es der Donnerstag neuerdings in sich. Nach getaner Arbeit oder der Vorlesung lassen die Straßburger beim After-Work-Apéro oder beim Abrocken auf der Tanzparty den Alltag hinter sich.

Hopfen und Malz gewonnen

Mit über 400 Biersorten kann der Bierladen in der Rue des Frères aufwarten. Für ihre Partys decken sich die Straßburger Studenten eher beim Discounter ein, aber wenn es etwas Besonderes sein soll – ein belgisches Starkbier, ein Himbeerbier, ein elsässisches Weihnachtsbier –, ist man im **Village de la Bière** 1 genau richtig. Was sonst als Craft-Beer-Brewery ein Begriff ist, nennt sich in Frankreich Micro-Brasserie. Diese kleinen Braumanufakturen produzieren Trendbiere wie India Pale Ale, exotische Eigenkreationen und in Kleinstmengen gebraute Saisonbiere. Der so kundige wie sympathische Shopbesitzer führt daneben eine große Palette an Craft-Beer aus aller Welt.

An den schmalen, von alten Häusern gesäumten Rue des Frères und Rue des Sœurs, die ihren Namen von den seit dem Mittelalter hier ansässigen Orden der Brüder und Schwestern erhielten, sowie im oberen Teil der Rue des Juifs finden sämtliche Stämme der Jugendkultur die passenden Ausstatter: Grunge, Indie, Funk, Gothic, Rollenspieler und alle Schattierungen dazwischen. Die hohen, abweisenden Mauern des **Grand Séminaire** 1, des einstigen Jesuitenkollegs, nehmen im unteren Bereich der Rue des Frères die gesamte südliche Straßenseite ein. Gegenüber reihen sich mehrere interessante kleine Geschäfte aneinander. Und rund um die nahe Place Saint-Etienne, die 2015 (fußgängerfreundlich) neu gestaltet wurde, finden sich eine Handvoll nette Lokale.

Zwischen Fluss und Fachwerk – **an den Ill-Kais entlang**

#6

Und ewig fließt die Ill: unter dem Pont du Corbeau durch, wo früher der Scharfrichter waltete, an den bunten Fachwerkfassaden am Krutenau-Ufer entlang, um die Café-Schiffe des Quai des Bateliers herum. Galerien, Boutiquen, kleine Läden laden zum Stöbern ein.

Am **Pont du Corbeau 1,** der Rabenbrücke, von der einst Kindsmörderinnen, Vatermörder und ehebrecherische Frauen ertränkt wurden, beginnt unmittelbar am Ufer ein romantischer Weg. *Canisites,* wörtlich ›Hundeorte‹, für die gewissen Bedürfnisse der Stadthunde flankieren ihn. Unter den Brücken muss man den Kopf einziehen und ansonsten aufpassen, dass man nicht ins Wasser fällt, denn es gibt kein Geländer.

Von diesem Ufer, etwa von der Terrasse unterhalb des **Palais Rohan,** hat man den besten Blick

Schau mir in die Augen, Kleiner … Beim Drink an Deck des Café Atlantico fühlen sich vor allem Studenten wohl.

Ü
ÜBRIGENS

Zum Gucken: Ein winziger Durchgang – vorn an der Hausecke befindet sich eine geschnitzte Rabenfigur – führt von der mit Restauranttischen bedeckten Place du Corbeau zum reizenden Rabenhof, dem **Cour du Corbeau** 2 aus der Renaissance. Von 1528 bis 1854 war dies ein vielfrequentierter und geschätzter Gasthof. Nach Jahrzehnten des Niedergangs nimmt nun wieder ein Luxushotel die gekonnt renovierten Holzgalerien und Fachwerkgebäude um den schmalen Innenhof ein.

auf die gegenüberliegenden Häuser aus der Zeit zwischen dem 16. und 19. Jh. Über bunten Fachwerkfronten erheben sich steile, teils gehörig schiefe Dächer aus den straßburgtypischen roten Biberschwanz-Dachpfannen. Ganze Batterien von Gaubenfenstern, französisch *chiens assis,* sitzende Hunde genannt, verleihen dieser Dachlandschaft ein herrlich unregelmäßiges Aussehen.

Fischers Fritz fischt frische Fische

Nach den Fluss-Schiffern (*bateliers*) und Fischern (*pêcheurs*) sind die Kais auf der anderen Seite der Ill benannt: Sie gehörten zu den 20 Zünften, die sich ab etwa 1200 bildeten und die Geschicke der Stadt im Spätmittelalter bestimmten. Die mächtigste Zunft war die der Fluss-Schiffer unter dem Zeichen des Ankers, die vom Monopol der Schifffahrt auf dem damals erst ab Straßburg schiffbaren Rhein profitierte.

Nun kann man die Häuser am Ufer einer genaueren Untersuchung unterziehen und geschmückte Erker, grimmige Holzgesichter und alte Hauseingänge entdecken. Die **Fachwerkhäuser Nr. 24** 3 und **27** 4 stammen aus der späten Renaissance und weisen burleske und ornamentale Schnitzereien an den Balken sowie vorkragende Geschosse auf.

Mit Blick auf den mächtigen Bau der Ancienne Douane: Place du Corbeau

DRINKS AN DECK

Vier Flusskähne (*péniches*), seit Längerem außer Dienst und zu Restaurantbooten umfunktioniert, liegen am Ufer des **Quai des Pêcheurs.** Das hübsche Uferstück wird allgemein La Plage genannt, denn auf Loungesesseln oder Liegestühlen lässt sich das Dolce Vita wie am Strand genießen. Auf dem bordeauxrot gestrichenen Schiff mit der **Vino Strada Stub (Péniche Bacchus)** ❶ (T 03 88 36 65 78, Di/Mi 17–24, Fr–Sa 17–1 Uhr, Kleinigkeiten wie Wurst, Käse, Räucherlachs um die 5–6 €, das Glas Wein ab 3 €) ermöglicht eine modern gestylte Weinbar mit jazziger Loungemusik eine Reise durch die Welt des Weins. Die Deckterrasse des pflaumenblauen **Le Rafiot** ❷ (T 06 80 47 68 19, www.rafiot.net, April– Sept. Mo–Do 11–1.30, Fr/Sa 11–7, Okt.–März Mo–Do, So 12–1.30, Fr/Sa 12–4 Uhr, Snacks und Salate kosten 3–7 €) ist tagsüber einer der schönsten Orte Straßburgs für einen Kaffee – bei schlechtem Wetter auch im Schiffsinnern. Spätabends verwandelt sich der in Holz und Kupfer gestylte Schiffsbauch in einen DJ-Club mit 1980er-Jahre-Musik und Vinyl-Partys. Der dritte, weiße Kahn ist das **Café Atlantico** ❸ (T 03 88 35 77 81, www.cafe-atlantico.net, tgl. 7–1.30 Uhr), wo viele Studenten zu günstigen Preisen ab 7 Uhr morgens frühstücken; tagsüber gibt es kleine Gerichte. Nachbar **Barco Latino** ❹ (T 03 88 23 59 06, www.barcolatino.fr, Mi/Do 17–4 Uhr, Fr/Sa 16–4 Uhr, So–Di 17–1.30 Uhr, Tapas ab 3,50 €) setzt auf Salsa und Tapas.

SAMMELSURIUM

Im Tiefparterre eines mit Mohren- und Engelsköpfen verzierten alten Fachwerkhauses stöbert man im **Ville et Campagne** 1 durch ein nostalgisches Sammelsurium von Antiquitäten und antikisierenden Deko-Objekten (23, quai des Bateliers, Di–Sa 10–12, 14–19 Uhr).

NUDELEI

Im **Panier des Pâtes** 2 gibt es frische Nudeln zum Mitnehmen. Der winzige Laden führt handwerklich gefertigte italienische Sorten von Linguine bis zu Ravioli und elsässische Dampfnudle, die es salzig oder süß gibt (7, rue d'Austerlitz, Mo–Sa 10–19 Uhr).

Cityplan: D/E 5/6 | Tram Porte de l'Hôpital

Schule im Schlösschen: das Lycée International des Pontonniers

Im Erdgeschoss der Kaihäuser haben sich Restaurants und Geschäfte angesiedelt. Während die Etablissements im unteren Bereich des Quai des Bateliers, also vor und um den **Cour du Corbeau** 2, eher aufs obere Preissegment zielen, konzentrieren sich gegenüber von den Fluss-Schiffen am Quai des Pêcheurs studentische Bars, Snacks, Bäckereien und Gemüseläden.

Was für Blicke!

Ein weitläufiges Panorama ergibt sich an der Einmündung des Fossé du Faux Rempart in die Ill. Schwäne dümpeln auf den Wellen, die die niedrigen Ausflugsboote hinterlassen, Weiden senken ihre Äste gen Wasser. Das siebenstöckige, mit Säulen geschmückte neoklassizistische Mammutgebäude gegenüber am Wassereck wurde 1935 als **Sitz einer Versicherungsgesellschaft** 5 errichtet und ist heute ein begehrtes Apartmenthaus. Gegenüber ragt über dem Quai St-Etienne die romanische Apsis der Kirche **St-Etienne** 6 auf. Im Viertel dahinter versteckt sich die pittoreske kleine **Place St-Etienne,** die ihren Charme von den alten Fachwerkhäusern wie Nr. 11 und 12 aus dem 16. Jh. und dem Renaissancegebäude Nr. 17 mit Treppengiebel und zwei Erkern bezieht. Der Flöte spielende Junge auf dem kleinen Brunnen, ein Werk von Ernest Weber, ist der ›Meiselocker‹, der Vogelfänger.

Das verschwenderisch mit Erkern, Zinnengiebeln und Türmen versehene Gebäude des **Lycée International des Pontonniers** 7 wurde 1905 in einem verspielten, für die Zeit typischen Stil zwischen Neogotik und Neorenaissance errichtet. Auch vom **Pont Royal** 8 hat man einen einzigartigen Blick: nach Norden auf die neogotische Fassade der Kirche **St-Paul** 9, nach rechts auf die gesamten Ill-Kais.

▶ INFOS

Mit Kajak und Paddel auf Entdeckungstour in Straßburg? Wer die Stadt von der Ill und ihren Nebenarmen aus erkunden will, wendet sich an **Strasbourg Eaux-Vives:** http://strasbourg.eauxvives.free.fr.

UM DIE ECKE

Im Brauhaus **Au Brasseur** 5 (22, rue des Veaux, Mo–Sa 11–1, So 11–24 Uhr) wird eigenes Bier gebraut und Deftiges dazu serviert. Schon bis 1863 hatte es am selben Ort die Brauerei Espérance gegeben; nun ließ man hier die handwerkliche Tradition wieder aufleben. Bierfans probieren Brune du Quai, Blonde des Bateliers oder Blanche de l'Ill.

Kulinarische Stadtteiltour – **durch die Krutenau**

\# 7

Choucroute, Fleischschnacka, Roigabrageldi – das klingt deftig und ist es auch. Nicht, dass sich hier eine Winstub an die andere reihen würde. Ein wenig suchen muss man schon. Doch in den unspektakulären Gassen verbergen sich einige authentische Repräsentanten dieser Straßburger Traditionsgastronomie.

Lassen Sie sich von der Holzimitat-Fassade nicht abschrecken! Im volkstümlichen **Au Pont du Corbeau** ❶ gibt es Winstubküche vom Besten: Für Frankreichs bekannten Gastrokritiker Gilles Pudlowski ist das populäre Lokal der Rolls-Royce

Deutsche Portionen in französischer Qualität: Winstubküche im Traditionslokal Au Pont du Corbeau

Cityplan: D/E 5/6 | **Tram** Porte de l'Hôpital

VON WINSTUB ZU WINSTUB

Au Pont du Corbeau ❶: 21, quai St-Nicolas, T 03 88 35 60 68, Mo–Fr 12–14, So–Fr 19.30–22 Uhr, à la carte ca. 25 €. Hier rückt man gern in geselliger Enge zusammen, so einen guten Ruf genießt das Lokal. Eisbein und Blutwurst im Teigmantel, Bratkartoffeln und Ochsenmaulsalat, Choucroute und Wädele und was der deftigen Elsässer Speisen mehr sind.

La Coccinelle ❷: 22, rue Ste-Madeleine, T 03 88 36 19 27, www.restaurant-la-coccinelle.fr, Mo–Fr 12– 14, Di–Sa 19–22 Uhr, Hauptgerichte ca. 14–18 €. Die Winstub verkörpert die einfachere und günstigere Version dieser typisch elsässischen Lokale. Die freundliche Bedienung serviert aktualisierte Regionalspezialitäten wie einen Elsass-Burger mit Munster oder elsässische Tapas und Weinstuben-Klassiker wie Choucroute, Gänseleberpastete oder ein Schneckenpfännchen.

Au Renard Prêchant ❸: 34, rue de Zurich, T 03 88 35 62 87, www.renard-prechant.com, Mo–Fr 12–14, 19.30–22, Sa 19.30–23, So 19.30–22 Uhr, Hauptgerichte 15–20 €. Für kulinarische Genüsse sorgt man hier mit Winstub-Klassikern wie Salat mit frittiertem Munster, Bibeleskäs mit Bratkartoffeln, Cordon bleu, Schweinehaxe, Kalbsnieren in Rahmsauce, Wildschweinpastete oder Entenbrust mit Kirschsauce. Im Herbst ist Wild die Spezialität des Hauses.

A l'Ancienne Chapelle ❹: 2b, place des Orphelins, T 03 88 35 35 37, Tram: Porte de l'Hôpital, Mo 19–22, Di–Sa 12–14, 19–22 Uhr, à la carte ca. 25–40 €. In der alten Kapelle wird die deftige Küche des französischen Südwestens serviert. Enten sind in dem rustikalen, engen Krutenau-Häuschen allgegenwärtig: in der Deko und auf der Speisekarte, eingelegt, mit Pflaumen, auf Sauerkraut.

unter den Straßburger Weinstuben (und damit meint er nicht die Preise!). Der an Wänden und Decke mit Holz vertäfelte Gastraum imitiert die Renaissance-Inneneinrichtung der lokalen Bürgerhäuser, der Patron verteilt liebenswürdig die gefragten Sitzplätze an den eng gestellten Tischen, aus der Küche kommt Bewährtes – alles in allem: eine Institution.

Der Weg zur nächsten kulinarischen Adresse führt über die von vielen alten Häusern gesäumte Rue des Couples, der das **Hôtel des Couples** 1 aus dem 18. Jh. den Namen gab. Das Rokoko-Adelspalais, heute erzbischöfliche Grundschule, ist ein ansehnliches Beispiel für die versteckten Schönheiten dieses Viertels, denen man mit Stadtplan und Guide zu Leibe rücken muss. Von der Hausecke gegenüber blickt ein geheimnisvoller spätgotischer Kopf herüber.

Wo der Fuchs predigt

Nahezu unbekannt bei Touristen, dafür eine Standardadresse bei den Studenten und Nachbarn ist **La Coccinelle** 2, deren Aushängeschild den namengebenden Marienkäfer, elsässisch Herrgottskäfer, führt. Holzbalken teilen den Gastraum in zwei Hälften, im Sommer sitzt man gerne draußen, auf der Karte stößt man auf die bekannten bodenständigen Klassiker.

Um die Ecke befindet sich die beschauliche **Place des Orphelins,** die das unaufdringliche Fluidum der Krutenau recht gut veranschaulicht: ein Kinderspielplatz in der Mitte, Leute, die herumsitzen ...

Blickfang an der dorfähnlichen **Place de Zurich** ist das einsam stehende Fachwerkhaus des elsässischen Restaurants **Au Renard Prêchant** 3, dessen Name, ›Zum predigenden Fuchs‹, an die Fabeln Lafontaines erinnert. Das Restaurant bietet solide Regionalküche in einem wahrhaft historischen Rahmen aus Fachwerkgemäuer und bunten Bleiglasfenstern, denn es nutzt eine spätgotische Kapelle als Gastraum, die schon seit 1880 weltlichen Zwecken dient.

Aus dem Sumpf erstanden

Wo die Rue de la Krutenau in die Rue de Zurich übergeht, haben sich gegenüber des Gebäudeblocks der alten **Manufacture des Tabacs** 2 einige Geschäfte, z. B. für Tee und Musikinstrumente, und das eine oder andere preiswerte Restaurant – italienisch, chinesisch, vietnamesisch, palästinensisch, indisch – angesiedelt. Nachdem 2010 das Ende für die Tabakmanufaktur gekommen war, einem um die Mitte des 19. Jh. entstandenen Industriebau mit begrüntem Innenhof, sollen hier nun städtische Institute und kulturelle Orte der Begegnung entstehen. Die Rue de

G
GEMÜSE

Historisch gesehen ist die Krutenau das Viertel der Gemüsebauern, der Soldaten und der Arbeiter. Der Kleine-Leute-Charme in der früheren ›Kraut-Aue‹ wirkt noch heute, auch wenn einige Mietblocks luxussaniert wurden und Krutenau-Adressen bei den Yetties und Yuppies in Mode gekommen sind: Vor allem notorisch klamme Menschen wie Studenten und Künstler, Kleinbürger und Einwanderer bestimmen den Charakter des Viertels.

Schnell etwas Medizin zapfen: Im Cave historique des Hospices de Strasbourg lagert der Wein in den Gewölben des Krankenhauses.

Zurich ist die breite Hauptschlagader des Viertels. Da hier einst der Rheingiessen, ein im 19. Jh. zugeschütteter Kanal, verlief, wird sie von Mietshäusern des 19. Jh. gesäumt – pittoresk ist anders.

Nur von außen zu besichtigen ist die Kirche **St-Guillaume** 3, die durch ihr schiefes Äußeres daran erinnert, dass der Boden der Krutenau schon immer sumpfig war. Im Jahr 1307 wurde das einschiffige gotische Gotteshaus von den Mönchen des Bettelordens der Wilhemiten errichtet. Die Fassade mit den drei hohen gotischen Fenstern ist schlicht, wie es die Ordensregel der Wilhemiten vorsieht – der Glockenturm wurde erst 1667 hinzugefügt.

N
NOCH WAS

Ein Stück mittelalterliche Befestigungsmauer steht in der Rue du Fossé des Orphelins im Krutenau-Viertel.

UM DIE ECKE

Das städtische Hospital bildet einen Stadtteil für sich und besteht teils aus modernen Zweckbauten, teils aus historischen Gebäuden. Das lang gestreckte Hauptgebäude vom Beginn des 18. Jh. versteckt in seinem mittelalterlichen Kellergewölbe den historischen Weinkeller. Der Zugang zur **Cave historique des Hospices de Strasbourg** (1, place de l'Hôpital, Finkwiller, Tram: Porte de l'Hôpital, Mo–Fr 8.30–12, 13.30–17.30, Sa 9–12.30 Uhr) befindet sich auf der Rückseite des Gebäudes von der Straße her, die durch das Klinikgelände führt. Zwischen mächtigen Säulen und uralten Eichenfässern, die teils 20 000 l fassen, kann man Weine aus dem Elsass und anderen französischen Anbaugebieten verkosten und kaufen.

Ein Hauch Venedig – **Petite France**

#8

Das perfekte Programm für einen Sommerabend, auch wenn man die Fachwerk-, Winstub-, Kopfsteinpflaster- und Schleusenherrlichkeit höchst selten für sich allein hat, denn das von Kanälen durchzogene ›Kleine Frankreich‹ ist nach dem Münster Straßburgs größte Touristenattraktion. Die herausgeputzte Fachwerkwelt war früher das Viertel der Gerber.

Zunächst noch eingeschnürt von Vauban-Wehr und den Ponts Couverts, fächert die Ill sich zu vier Armen auf, die sich dann nach Osten zu hinter dem Pont-St-Martin wieder vereinigen. Hinter der Barrage Vauban zweigt der Fossé du Faux Rempart ab, der die Innenstadt im Norden umfließt.

Kaum zu glauben, dass dieses Bilderbuchviertel früher einer der unattraktivsten Orte Straßburgs war. Wegen der Häute, die die Gerber zum Trocknen aufhängten, stank es ganz erbärmlich.

Ü
ÜBRIGENS

Die Drehbrücke **Pont du Faisan** 3 zu Beginn der Rue des Moulins, der einstigen Mühlenstraße, wird zwar nicht mehr von Hand, aber doch immer noch persönlich von einem Brückenmeister betätigt. Vor Beginn der Operation scheucht er alle Fußgänger energisch hinter zwei Schranken. Dann gleitet das Fasanebrueckel, ein technisches Denkmal aus dem Jahr 1888, zur Seite und macht dem Ausflugsboot den Weg frei.

Was von der Lohe, also den gerbstoffreichen Rinden, Blättern und Hölzern nach dem Auslaugen des Gerbstoffs, übigblieb, nannten die Gerber Lohkäs. Mit ihm wurde geheizt.

Architektur mit Spitze

An der Ecke der Rue des Dentelles zur Rue du Bouclier verbirgt sich das Renaissancehaus **Zum Hirschkorn** 1 hinter einer Mauer mit Tor. Unter dem Giebel zeigt eine gemalte Sonnenuhr aus dem 16./17. Jh. die Stunden und halben Stunden an. In der Rue des Dentelles (Spitzengasse) wurden übrigens keine Spitzen geklöppelt; sie bildete vielmehr eine ›Spitze‹ zwischen der Ill und dem Fossé des Tanneurs, der im 19. Jh. zugeschüttet wurde. Heute verläuft hier die gleichnamige Straße.

Vor der Rue du Fossé des Tanneurs zweigt die Petite Rue des Dentelles ab, eine schmale, von Fachwerkhäusern gesäumte, absolut heimelige Gasse.

Zur Linken eine Schleuse, rundherum stehen einige der ältesten und schönsten schwarz-weißen Fachwerkhäuser: Das nach dem Straßburger Maler aus napoleonischer Zeit benannte Platzensemble der **Place Benjamin Zix** 2 gehört zu den meistfotografierten und meistbesuchten Highlights der Stadt. Was auch die Konzentration von Souvenirläden hier und in den angrenzenden Straßen beweist.

Wenn die Felle davonschwimmen

Die **Maison des Tanneurs** 1 oder Gerwerstub, heute ein bekanntes elsässisches Traditionsrestaurant mit gutbürgerlicher, rundum holzverkleideter Einrichtung, wurde 1572 gebaut und erst 1949 als Gerberhaus außer Dienst gestellt. Zum Platz hin kragen die Fachwerkobergeschosse vor, zur Ill hin liegen die heute teils verschlossenen, ursprünglich aber offenen Galerien, in denen die Gerber ihre Häute trocknen ließen. Charakteristisch für die Gerberhäuser sind die offenen Balkone unterm Dach. Und die Nähe zum Wasser, das zum Ausspülen der Häute in großer Menge benötigt wurde. Hatte ein Gerber seine Häute nicht sorgfältig befestigt, sah er im wahrsten Sinne des Wortes seine Felle davonschwimmen!

An der kopfsteingepflasterten Rue du Bain aux Plantes stehen die am besten erhaltenen Gerberhäuser. Sie wenden den gestuften Giebel mit den einst zum Trocknen der Häute bestimmten offenen, langgestreckten Dachluken der Straße zu. Halb im Souterrain eines Fach-

Cityplan: B/C 6 | **Tram** Langstross/Grand'Rue

INFOS/ÖFFNUNGSZEITEN

Barrage Vauban 5: tgl. 9–19.30 Uhr, kein Eintritt.

ELSÄSSISCH SCHLEMMEN IN HISTORISCHEM AMBIENTE

Maison des Tanneurs 1: 42, rue du Bain aux Plantes, T 03 88 32 79 70, www.maison-des-tanneurs.com, Di–Sa 12–14, 19–22 Uhr, Choucroute mit Zander 24,50 €.
Winstub Lohkäs 2: 25, rue du Bain aux Plantes, T 03 88 32 25 06, www.lohkas.com, tgl. 11.45–14, 18–22 Uhr, Hauptgerichte 14–30 €.
S'Thomas Stuebel 3: 5, rue du Bouclier, T 03 88 22 34 82, http://sthomasstuebel.fr, Di–Sa 12–13.30, 19–21.30 Uhr, Hauptgerichte 14–19 €. Der kontaktfreudige Wirt der stets gut besuchten, unprätenziösen Winstub empfiehlt die Tagesgerichte wie Fleischschnacka oder halbe Portionen als Vorspeise wie einen Salat mit Geflügelleber und Himbeeressig.

APERITIF ODER ABSACKER

Bar Champagne im Hôtel Régent Petite France 1: 5, rue des Moulins, Restaurant Le Pont Tournant, T 03 88 76 43 00, www.regent-petite-france.com, Di–Sa 19–22 Uhr, Hauptgerichte 22–33 €; Bar T 03 88 76 43 43, tgl. 17–1 Uhr.

werkhauses liegt die gemütliche **Winstub Lohkäs** 2, deren Kachelofen, alte Holzmöbel und Drehorgel man bereits von außen bewundern kann. Der Lohkäs war das, was von der aus Eichen- und später Fichtenrinde gewonnenen Gerberlohe übrigblieb, wenn das Tannin seine Wirkung getan hatte. Er wurde vom Lohkästreppler, oft einem Kind, mit den Füßen in eine Holzform gepresst, getrocknet und als Brennmaterial verwendet. Es lohnt sich, die Rue du Bain aux Plantes bis ans Ende der Straße weiterzugehen, wo sie sich in ein Mini-Viertel aus Gassen, Höfen und Sackgassen auffächert.

Woher kommt der Name Petite France, Klein-Frankreich? Am Anfang stand das hiesige Hospital für Syphiliskranke Zum Französel. Als guter reichsdeutscher Bürger des 16. Jh. gab man dem damals weit verbreiteten Übel Syphilis eben den Namen des feindlichen Nachbarn. Die Franzosen nannten die Syphilis übrigens die neapolitanische Krankheit ...

Von der Eisfabrik zum Luxushotel

Der Gebäudekomplex an der Rue des Moulins war von etwa 1900 bis 1990 eine Eisfabrik, in wilhelminischer Zeit Klareis zur Dünzenmühle. Drei Turbinen, heute im Hotelkomplex erhaltene Industriedenkmäler, produzierten Eisblöcke für den wachsenden Bedarf der Brauereien.

Von der Rue des Moulins kann man auf Holzstegen um die Schleusen des Bootsanlegers spazieren und kommt vor dem kompromisslos zeitgenössischen 4-Sterne-Hotel **Régent Petite France** heraus. Auch wenn man nicht hier übernachtet, lohnt sich ein Besuch der **Bar Champagne** 1. Auberginetöne in einer hundertprozentigen Designumgebung, an die 60 Drink-Varianten mit Champagner und der Blick durch zwei halbrunde Fenster auf ein Auffangbecken vor dem Wehr machen die Bar zu einem idealen Ort für einen Aperitif oder einen Absacker. Das **Hotelrestaurant Le Pont Tournant** hat durchaus kulinarische Meriten, vor allem aber überzeugt die Terrasse über dem Wasser, die im Sommer einer der schönsten Plätze der Stadt ist.

Wehr- und nahrhaft

Seit 1784 sind die **Ponts Couverts** 4, die ›gedeckten Brücken‹, nicht mehr überdacht. Drei kopfsteingepflasterte Brücken aus rotem Vogesensandstein ersetzten die mittelalterlichen holzgedeckten Brücken, was dem malerischen Anblick keinen Abbruch tut. Im Verein mit den erhaltenen vier quadratischen Wehrtürmen aus dem 13./14. Jh. sicherte das Befestigungswerk die vier Ill-Arme, diente aber auch zum Betrieb der auf die Pfeiler gebauten Mühlen. Später (bis 1823) diente der sogenannte Henkersturm (Tour du Bourreau) als Gefängnis.

Nach Plänen des berühmten Militärarchitekten Sébastien Le Prestre de Vauban (1633–1707) wurde Ende des 17. Jh. der **Barrage Vauban** 5, ein Stauwehr aus 13 Bogen, errichtet. Das Wunderwerk der Militärtechnik ermöglichte im Falle eines Angriffs die Überflutung der Ebene südlich der Stadt, wie es im Krieg 1870/71 auch geschah. Auf dem Stauwehr wurde später eine großzügige Dachterrasse gebaut, von der der Blick über die Ponts Couverts bis zum Münsterturm schweifen kann – eines der schönsten Panoramen von

Ponts Couverts

Straßburg. Jeden Abend wird dieses Symbol des Straßburger Stadtbilds effektvoll beleuchtet.

Abends wird der Barrage Vauban stimmungsvoll beleuchtet, tagsüber kommt man wegen der tollen Aussicht von der Dachterrasse.

Sag beim Abschied leise Servus

Nach einem Abendessen in der Petite France sollte man sich einen Abschiedsblick vom **Pont St-Martin** 6 gönnen. Rechts liegt die alte Kirche, in der heute das Ensemble des Théâtre du Jeune Public junge Zuschauer erfreut. Erleuchtete Fachwerkhäuser säumen das dunkle, wirbelnde Wasser, das um die Schleusen strömt.

UM DIE ECKE

Im Lebkuchenhaus **Pain d'Epices** 1 (14, rue des Dentelles, www.mireille-oster.com, So/Mo 10–19, Di–Sa 9–19 Uhr) von Mireille Oster gibt es die elsässische Spezialität in allen Formen, sogar als Schweinchen mit japanischen Schriftzeichen, und in verschiedenen Geschmacksrichtungen, etwa mit kandierter Orange, Feigen oder Schokolade.

Nebenan, in dem schmalen, nach hinten verzweigten Souvenirladen **Un Noël en Alsace** 2 (10, rue des Dentelles, www.noelenalsace.fr, Mo 14–19, Di–Sa 10–19 Uhr) ist das ganze Jahr über Weihnachten. Schönes Mitbringsel ist allerlei Schmuckwerk für die Adventsdekoration oder den Tannenbaum.

#9

Neue Maßstäbe – **Musée d'Art Moderne et Contemporain**

Eines von Frankreichs ehrgeizigsten Museumsprojekten der letzten Jahrzehnte setzt Maßstäbe. Nicht nur, was die von Picasso bis Baselitz glanzvoll bestückte Sammlung moderner und zeitgenössischer Kunst, sondern auch, was den lichten Museumsbau von Adrien Fainsilber angeht.

Temporäre Kunst im MAMCS: Für wechselnde Installationen laden die Kuratoren Gastkünstler ins Museum, hier den französischen Maler und Bildhauer Daniel Buren.

Das 1998 eröffnete **Musée d'Art Moderne et Contemporain (MAMCS)** 1 ist eines der Glanzlichter der Straßburger Museumsszene. Auf nahezu schwerelose Art, wozu die großen Glaspartien beitragen, zitiert der monumentale Bau des in-

ternational renommierten Architekten Adrien Fainsilber auch das Münster. Deutlich wird das an der Verwendung von rötlichem Vogesensandstein, der mit 104 m Länge und 22 m Höhe kathedralartigen zentralen Wandelhalle oder den stählernen Säulen und Diensten. Auf dem Dach steht, weithin sichtbar, die Pferdeskulptur des italienischen Bildhauers Mimmo Paladino. Mehrere Ausstellungen pro Jahr erhöhen das Renommé des Museums, und man holt sich regelmäßig bekannte Künstler ins Haus: Unlängst hat Daniel Buren die Glasfassade des Kunstpalastes mit farbigen Flächen gestaltet: Je nach Lichteinfall sorgt seine Konzeptkunst für bunte Schatteneffekte auf Wänden und Boden.

Schöne Elsässermädels

Die Sammlungen sind chronologisch geordnet: Im Erdgeschoss findet man Werke aus Malerei und Plastik von 1860 bis 1950, im Obergeschoss von 1950 bis heute. Den Anfang der ständigen Ausstellung macht die akademische Malerei vom Ende des 19. Jh. Jean Jacques Henner (1829–1905), der, ein Muss in jener Zeit, zur Ausbildung nach Paris ging, ist mit mythologisch-biblischen Themen und Frauenakten vertreten, die mehr als nur einen Hauch präraffaelitischer Malweise aufweisen.

Dem in Straßburg geborenen Gustave Doré (1832–83) ist ein ganzer Saal gewidmet. Seine Genreszenen, Landschaften und biblischen Tableaus sind dem Geiste der Romantik verpflichtet. Neben einer Huldigung ans Elsass, »Abend im Elsass« (1869) mit schönen Elsässermädels, sind Illustrationen etwa zur Göttlichen Komödie, zum Don Quichotte und Pantagruel ausgestellt, die die Lebhaftigkeit der malerischen Einfälle und seine visionäre Vorstellungskraft erkennen lassen.

»Vier Katzen der Welt«

Reich bestückt, etwa mit Werken von Alfred Sisley, Claude Monet, Camille Pissarro, Max Liebermann, Auguste Renoir und Auguste Rodin, ist die impressionistische Abteilung. Einen weiteren Schwerpunkt bilden Symbolismus (Odilon Redon, Dante Gabriel Rossetti), Dada und Surrealismus: Max Ernsts verstörende Traumgesichte und Jean

Ü ÜBRIGENS

Eine elsässische Kunst im engeren Sinne gibt es nicht, dennoch lässt das MAMCS im Elsass geborenen oder arbeitenden Künstlern viel Raum. Neben Henner, Doré und Arp sind das Charles Spindler (1865–1938) mit seinen kunstvollen Holzintarsienbildern und Jean-Désiré Ringel d'Illzach (1847–1916), der symbolistische Plastiken und den genialen Katzen-Frauen-Stuhl schuf. 1919 bildete sich in Straßburg die international wenig beachtete Groupe de Mai um Künstler wie Edouard Hirth, Martin Hubrecht und Paul Welsch, die von Paul Cézannes Malweise beeinflusst waren.

INFOS/ÖFFNUNGSZEITEN

Musée d'Art Moderne et Contemporain (MAMCS) 1: 1, place Hans Jean Arp, Di–So 10–18 Uhr, Eintritt 7 €. Kunstbuchhandlung: Di/Mi, Fr/Sa 11–19, Do 12–22, So 10–18 Uhr.

KULINARISCHES FÜR ZWISCHENDURCH

Durch zwei riesige Fensterfronten oder im Sommer von der großen Dachterrasse hat man einen wunderbaren Blick auf die Ponts Couverts und die Kathedrale. Mit der Inneneinrichtung von Designer und Innenarchitekt Yves Taralon passt das **Art Café** (T 03 88 22 18 88, Di–So 11–18 Uhr, Salat ca. 15 €) perfekt zum modernen Ambiente des Museums. Serviert werden Salate und Speisen für den kleinen Hunger, mittags und abends leichte, innovative Tagesgerichte wie Hamburger mit gebratener Gänseleber, nachmittags Kaffee und Kuchen, sonntags Brunch. Im **Abattoir Café** 1 (1, quai Charles Altorffer, T 03 88 32 28 12, Mo–Do, So 11–1.30, Fr/Sa 11–4 Uhr) mit großer Bier-, Whisky- und Cocktailauswahl sorgen zu Tischen umfunktionierte Kabelrollen, abgewetzte Ledersessel und Tolix-Stühle für den Shabby Chic.

Cityplan: B/C 6 | **Tram** Musée d'Art Moderne

(Hans) Arps scheinbar fließende Skulpturen stellen Höhepunkte des Museums dar. Dem Werk von Arp und Sophie Taeuber-Arp sind mehrere Räume gewidmet. Neben Buntglasfenstern und Holzreliefs dokumentieren einige Exponate die Gestaltung der Aubette in den 1920er-Jahren, die als ein Glanzstück der Moderne gilt (► S. 78).

Surrealistisch, primitiv, magisch – Victor Brauners (1903–66) schwer einzuordnende Tableaus sind eine Entdeckung wert. Seine mystischen Bildwelten zeigen Einflüsse aus den Geheimwissenschaften, der Volkskunst aus aller Welt sowie den Werken von Geisteskranken. Ein Bildtitel von 1948 lautet: »Begegnung mit mir selbst in den vier Katzen der Welt«. Spiritismus, Esoterik und Ritual spielen bei diesem eigenwilligen Künstler eine größere Rolle als die formellen Kunststile der Nachkriegszeit.

Mehrere Werke von Pablo Picasso und Wassily Kandinsky belegen die Entwicklung hin zur

A
AUBETTE

Der Kunst von Hans (Jean) Arp begegnen Sie auch im Einkaufszentrum Aubette an der Place Kléber, wo er, seine Frau und andere Künstler in den 1920er-Jahren ein Tanzcafé gestalteten. Was damals für Polemik sorgte, gilt heute als Sixtinische Kapelle der modernen Kunst.

abstrakten Kunst. Die raumfüllende Flieseninstallation von Kandinsky, die dieser für den Musiksalon der Bauausstellung 1931 in Berlin anfertigte, wurde hier 1975 von Suzanne und Jean Leppien, zwei Schülern von Kandinsky, rekonstruiert.

► INFOS

Biografisches zu Hans Arp und Sophie Taeuber-Arp und Termine für aktuelle Ausstellungen: http://stiftungarp.de.

Zornige junge Männer und die drei Irren vom Berg

Das Disparate, in viele Richtungen Suchende der Kunst nach dem Zweiten Weltkrieg haben die Museumsmacher zu einem weitläufigen Parcours zusammengestellt. Wichtige Strömungen sind mit Werken vertreten, von Arte Povera über Fluxus und Dekonstruktion bis zu Konzeptkunst. Breitflächig repräsentiert ist die deutsche Malerei der Neoexpressionisten. Ob Markus Lüpertz oder Georg Baselitz, Jörg Immendorff oder A. R. Penck, diese meist großformatigen Werke regen zum Diskurs an. Wen werden die vier zornigen jungen Männer in Immendorffs »Besuch bei einem Künstler« von 1976 in dem schwarzen Raum hinter der Tür vorfinden? Wessen Kopf ohne Torso hängt an Eugen Schoenebecks »Das Kreuz« von 1963, dieses Opfer ohne Gegenstand in kathartischer Hässlichkeit? Bei Daniel Richters »Der Ewige Tagtraum der drei Irren vom Berg« von 2000 entsprechen sich Titel und halluzinatorisch gefüllte Bildfläche. »Der Echsenkönig (Göhring)«, das Selbstporträt als Capitaine Danjou und der »Tyrann der Siedlung« gehören zum von bitterbösen Figuren bevölkerten Bilderkosmos des umstrittenen Künstlers Jonathan Meese.

Immer für eine Provokation gut – Jonathan Meese

UM DIE ECKE

Das **Ami Schutz** ❷, malerisch zwischen zwei Ill-Armen gelegen, ist eine Bier- und Winstub mit kulinarischen Ambitionen. In der gediegen holzgetäfelten Bierstub wird gelungene elsässische Regionalküche serviert: Schweinshaxe in Biersauce, Kaninchenkeule mit Rosmarin und Kapern. Im Sommer bietet die wundervolle Terrasse auch Schattenplätze für heiße Tage (1, Ponts Couverts, T 03 88 32 76 98, www.ami-schutz.com, Tram: Faubourg National, tgl. 12–14, 19–22.30 Uhr, Hauptgericht 18–25 €).

10

Trip ins Mittelalter – **St-Pierre-le-Jeune Protestant**

Sie hat alles, was eine Kirche interessant macht – eine uralte Gruselgruft, herrlich farbige Wandmalereien, einen imposanten Lettner, den ältesten Kreuzgang nördlich der Alpen. Und sie liegt doch abseits der Besucherpfade.

Der rosa Putz von **St-Pierre-le-Jeune Protestant** 1 zeigt außen wie innen eine Patina, die nach einer (mittlerweile begonnenen) Restaurierung geradezu schreit. Die Statuen des Erwinsportals sind zur Taubenabwehr mit hässlichen Nadeln gespickt; genau genommen stammen sie auch gar nicht von dem Dombaumeister Erwin, sondern sind zu einem großen Teil Nachbildungen aus dem 19. Jh. Denn auch hier hatten

»Der Zug der Nationen zum Kreuz«: 15 Königinnen symbolisieren die 15 Nationen, die dem Urzeichen des Christentums huldigen wollen. Angeführt werden sie von Gallien und Germanien. Das Fresko wurde im 19. Jh. stark restauriert und übermalt.

INFOS/ÖFFNUNGSZEITEN

St-Pierre-le-Jeune Protestant 1: Sonntag vor Ostern–1. Nov. Mo 13–18, Di–Sa 10.30–18, So 14.30–18 Uhr, sonst anmelden unter T 03 88 32 41 61.

KULINARISCHES FÜR ZWISCHENDURCH

Goh im Hotel Sofitel 1: 4, pl. St-Pierre-le-Jeune, T 03 88 15 49 10, www.goh-restaurant.com, Mo–Fr 12–14, 19–22, Sa 19–22 Uhr, Mittagsmenü 34 €. Innovative Küche und ein stylisches Interieur in Braun-Pistazien-Flieder-Tönen à la 1970er charakterisieren das Hotelrestaurant mit Designatmosphäre; im Sommer speist man auch auf der Terrasse.

Cityplan: C 5/6 | **Tram** Broglie

die Revolutionäre einmal mehr ganze Arbeit geleistet.

Schön bunt

All das vergisst man beim Betreten der dreischiffigen Hallenkirche. Ist nur noch überwältigt von der Polychromie des Innenraums und der reichen Ausstattung, den filigranen Eisenleuchtern mit Engeln darauf, dem hohen Gewölbe, den farbig gefassten Skulpturenkonsolen. 1250 bis 1320 auf Fundamenten eines Vorgängerbaus aus dem 11. Jh. erbaut, besitzt diese gotische Kirche wertvolle Fresken aus dem 14. Jh., oft auf leuchtend blauem Hintergrund. »Der Zug der Nationen zum Kreuz« an der Westwand ist ein ebenso selten dargestelltes Thema wie die »Navicella« an der Westwand der Zornkapelle, die Jesus und die Jünger auf dem See Genezareth zeigt.

Vereint und doch getrennt

Der gewaltige Lettner vom Beginn des 14. Jh. zieht alle Blicke auf sich. Er trennte im Mittelalter zunächst die Kanoniker von der übrigen Gemeinde, ab 1681 auf Geheiß des französischen Königs dann den den Katholiken zugestandenen Chor vom Hauptschiff der Protestanten. Wenn man den Lettner durchschritten hat, kann man sich im prachtvollen Rokoko-Chorgestühl nieder-

▶ INFOS

Straßburg liegt an einem der vielen europäischen Jakobspilgerwege nach Santiago de Compostela. Näheres, auch auf Deutsch, und Karte mit Wegverlauf unter www.saint-jacques-alsace.org.

W
WILD

Zuckende Leiber, ekstatisch hopsende Männer und Frauen: Im Jahr 1518 brach in Straßburg die Tanzwut aus. Einen Monat lang tanzten die Menschen wie wild, bis sie besinnungslos zusammenbrachen oder völlig erschöpft starben. Die Gründe für diese bizarre Epidemie oder Massenhysterie liegen im Dunkeln – Historiker vermuten eine Hungersnot als Ursache.

lassen. An die Südwand hat ein Freskenmaler im 15. Jh. ein Monumentalbild des hl. Christophorus gemalt. Der Blick zurück durch die Lettnerbogen ins Hauptschiff, wohl der schönste Ausblick in der Kirche, führt einem die warme Farbigkeit eindringlich vor Augen.

Vor dem Altar lohnt ein Blick zu Boden. Durch den Mittelgang zieht sich ein ›Lebenspfad‹ aus in den Steinboden gegossenen Bleilinien. Durch drei Quadrate mit Fabelwesen – Drachen, Schlangen, Wasserpferde –, Symbole weltlicher Gefahren, gelangt der Christ zum Himmlischen Jerusalem vor dem Altar.

Memento mori

Ganz tief in den Brunnen der Zeiten steigt man im südlichen Seitenschiff hinab und steht in einem Hypogeum. In der Mitte dieses Grabraums aus dem 8. Jh. befindet sich ein in den Boden eingelassenes Grab, das die Umrisse eines Körpers erkennen lässt. Hinter einer Glasscheibe sind die Knochen zu sehen, die man in den Bogengräbern ringsum an der Wand fand. Der schlichte, eindrückliche Ort war Teil einer Kapelle, in der Christen ab dem 3. Jh. ihre Märtyrer verehrten.

Hafen des Friedens

Im Kreuzgang mit einem gotischen und drei romanischen Wandelgängen befindet sich etwa auf der Mitte der Westseite ein Kapitell mit vier archaischen Köpfen, der einzige figurale Schmuck. 1160 erbaut, ist dieser Kreuzgang der älteste seiner Art nördlich der Alpen. Die bis zur Unkenntlichkeit abgetretenen Grabplatten auf dem Boden können zu melancholischen Gedanken verleiten.

UM DIE ECKE

Die **Galeries Lafayette** unweit der Place Kléber verführen durch schicke Angebote für Fashionistas: Schals, Sonnenbrillen, Taschen, Schuhe, Parfüms, Mode und Wäsche. Im dritten Obergeschoss steht der schicke Imbiss Secrets de Table unter der Obhut der kulinarisch sehr rührigen Familie Westermann. 34, rue du 22 Novembre (Karte 2, C 6), www.galerieslafayette.com, Tram: Homme de Fer, Mo–Sa 9.30–20 Uhr.

Großer Auftritt für die Oper – **Place de Broglie**

11

Selbst die Platanen scheinen Haltung anzunehmen, denn ursprünglich wurde die Place de Broglie militärisch genutzt. Heute ist der frühere Rossmarkt einer der elegantesten Plätze Straßburgs. Am Kopfende des straßenartig gestreckten Platzes thront die Oper, in der nicht nur die Sangeskunst geübt wird, sondern auch ein angesagtes Café logiert.

Die massige Säulenfront des städtischen Theaters setzt den beherrschenden Akzent am Kopfende des Platzes. Zu Beginn des 19. Jh. errichtet, wurde das **Théâtre Municipal** 1 von den wilhelminischen Machthabern um die Rotunde zur Ill hin erweitert. In den sechs Statuen über der neoklassizistischen, tempelähnlichen Front stellte der elsässische Bildhauer Landolin Ohnmacht die Musen dar.

Rechts neben dem Theater steht ein kurioses Gebäude: fünf Stockwerke hoch, aus rosa gestrichenen Ziegeln, die Mauern unterbrochen von

Oper mit Denkmal für den Nationalhelden General Leclerc, eigentlich Philippe de Hauteclocque, der 1944 nicht nur Paris, sondern auch Straßburg befreite.

Ü ÜBRIGENS

Vor dem Gebäude des **Cercle des Officiers** 3, der ehemaligen Militärschule, lassen elf aufrecht montierte alte Kanonen sowie eine Tafel mit den Namen der 350 (!) in Straßburg geborenen Generäle keinen Zweifel an der ursprünglichen Bestimmung der Place de Broglie aufkommen: Krieg, nicht Kunst war hier angesagt. 1740 ließ der Militärkommandant der Provinz Elsass, der Marschall de Broglie, den Platz für militärische Paraden und zum Spazierengehen anlegen.

einer Vielzahl von Spitzbogenfenstern. Es wurde 1441 als **Kornspeicher** 2 errichtet. 4000 Scheffel Getreide konnten hier im Fall von Krieg oder Hungersnot gelagert werden. Heute dient er als Requisiten- und Kostümkammer der Oper.

Harmloser Bürgerschreck

Eine friedliche Mission verfolgt am Rand des militärischen Platzes Tomi Ungerers **Janusbrunnen** 4. 1988 zur Zweitausendjahrfeier Straßburgs errichtet, soll die Aquäduktruine an die römischen Ursprünge und der Januskopf aus Bronze an die zweifachen Wurzeln der Elsässer erinnern. Ungerer musste damals viel Kritik einstecken – tatsächlich wurde in ganz Straßburg nie die Spur eines Aquädukts gefunden, und wer die übrigen Arbeiten Ungerers kennt und schätzt, wird das Ensemble ziemlich harmlos finden.

1951 ließen die Straßburger General Leclerc zum Dank für die Befreiung am 23. Nov. 1944 ein **Denkmal** 5 errichten, das ihn flankiert von zwei Siegesengeln abbildet. Ein weiterer Held der Republik, der in Straßburg geborene Marschall Kellermann, reckt siegesgewiss seinen Dreispitz in die Höhe. Léon Blanchot errichtete 1935 dem Sieger von Valmy dieses **Bronzedenkmal** 6.

Allons enfants de la Patrie ...

Wo heute die **Banque de France** 7 steht, soll 1792 der revolutionsbegeisterte Straßburger Bürgermeister Philippe Frédéric de Dietrich gewohnt haben. Da die revolutionäre Rheinarmee damals von den Armeen der europäischen Monarchen ständig eins auf die Mütze bekam, trug Dietrich dem ebenfalls revolutionsbegeisterten Rouget de Lisle auf, ein zündendes Revolutionslied zu komponieren.

Der dynamische Jungdichter trug den »Chant de Guerre pour l'armée du Rhin«, den Kriegsgesang für die Rheinarmee, in Dietrichs Wohnung vor, alle waren begeistert. Das Lied, das eigentlich Strasbourgaise hätte heißen sollen, ging als Marseillaise in die Geschichte ein, weil es Soldaten aus Marseille waren, die es beim Einzug in Paris schmetterten. Heute ist das Lied die französische Nationalhymne.

So jedenfalls die gängige Überlieferung und das Historienbild von Isidore Pils im Musée Historique. In Wahrheit übte sich Dietrich selbst als vortragender Sänger, und möglicherweise wohnte er nicht mal hier, sondern ein paar Straßen weiter. Die Republik dankte dem Vertreter einer gemäßigten Richtung sein Engagement allerdings schlecht. 1793 starb er in Paris unter der Guillotine.

Da auch die Straßburger Adligen im 18. Jh. etwas Französisches, also pariserisch Modernes haben wollten und zudem dem Kardinal von Rohan dessen schönes Palais neideten, ließen sie den dort tätigen Architekten Joseph Massol zwei Adelspalais bauen: zum einen das heutige **Hôtel de Ville** 8, zum anderen das **Hôtel des Deux Ponts** 9. Die Paläste beherrschen noch heute die rechte Platzseite der Place de Broglie.

UM DIE ECKE

Vor dem Sitz der wichtigsten Straßburger Tageszeitung, **»Les Dernières Nouvelles d'Alsace«** 10 oder schlicht DNA, kräht jeden Mittag der Metallhahn auf der dreiseitigen Uhr. 1940 bis 1944 wurde er, ein Symbol Frankreichs, vor den deutschen Besatzern in Sicherheit gebracht (17–21, rue de la Nuée Bleue, www.dna.fr). Die Fassade, die man heute sieht, ist nicht die ursprüngliche. Die kaufte sich die reiche Familie Herrenschmidt und ›klebte‹ sie vor ihr Palais in der Rue du Wacken, das seitdem sehr edel aussieht.

KULINARISCHES FÜR ZWISCHENDURCH

Studenten, Künstler und Opernbesucher trinken im **Café de l'Opéra** 1 (19, pl. de Broglie, T 03 88 22 98 51, www.cafedelopera.fr, Mo–Mi 9–21, Do–Sa 9–1, So 11.30–14.30 Uhr) einen Kaffee oder Wein. Im Sommer hat man draußen unter den Säulen einen Freilicht-Logenplatz.

Geht es einem eher um den Kaffee und den Kuchen oder die Tagesgerichte, besucht man das **Café Broglie** 2 (1, rue du Dôme, T 03 88 32 08 08, www.broglie.fr, tgl. 7–21 Uhr) am anderen Ende des Platzes, das im Sommer auch Tische nach draußen stellt und jeden Donnerstag nach 18 Uhr zum Jazz-Apéro lädt.

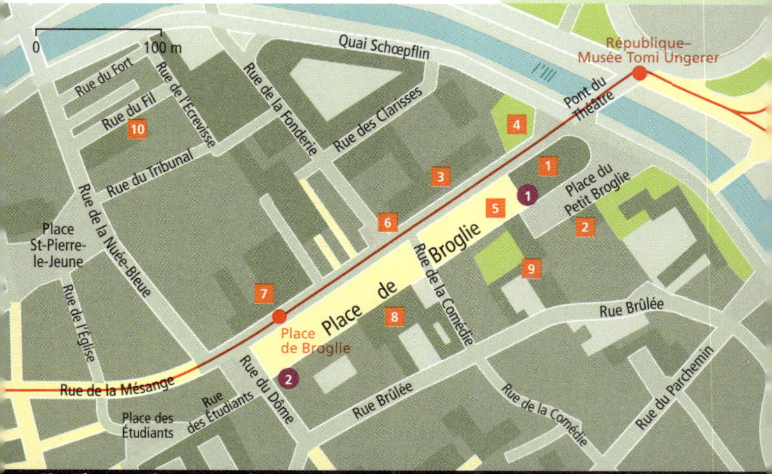

Cityplan: D 5 | **Tram** Broglie

12

Kaiserliche Prachtbauten – **Place de la République**

Zwischen 1871 und 1918 gab Deutschland im Elsass mal wieder den Ton an und baute rund um den weiten Platz wilhelminische Renommierbauten, allesamt steingewordener Pomp. Im Tomi-Ungerer-Museum amüsiert man sich beim Kontrastprogramm. Wie kaum ein anderer nimmt der in Straßburg geborene Künstler den Geist des Nationalismus auf die Schippe.

Das Karree mit gigantischen Ausmaßen wird auf der Südseite von der Ill begrenzt, auf den drei anderen Seiten von hellen, beigefarbenen Gebäudemassiven, vor denen Autos und die ewig quietschenden Wagen der Tram kreuzen. In der Mitte befindet sich ein Grünrondell mit sorgfältig gestutzten Eibenpylonen und vier 30 m hohen Gingko-Bäumen – der japanische Kaiser schenkte sie 1880 seinem Bündnispartner Kaiser Wilhelm I.

Erklärter Lieblingsort Tomi Ungerers in Straßburg: das Monument aux Morts

Preußens Glanz und Gloria

Im Westen beherrscht der **Palais du Rhin** 2, der einstige Kaiserpalast, die Szenerie. Der Berliner Ar-

chitekt Hermann Eggert konzipierte den Bau auf hohem Sockel nach dem Vorbild des Florentiner Palazzo Pitti. Wilhelm II., Enkel und Nachfolger Wilhelms I., schätzte den Palast gering. Als »Elefantenkasten im Bahnhofsstil« qualifizierte er ihn ab.

Schwer haben die zwei Portalatlanten an den kaiserlichen Säulen zu tragen, und auch die Puttenreliefs an den Säulen wollen gar nicht so recht putzig wirken. In den 1950er-Jahren drohte der Symbolbau deutscher Herrschaft denn auch abgerissen zu werden. Aber er steht noch …

An der Südseite des Palasts, zum Ill-Ufer hin, reihen sich knapp 20 römische und frühchristliche Steinsarkophage unter den Bäumen, die aus den Ausgrabungen an der spätrömischen Nekropole der Porte Blanche stammen. Kleine Tote hatten kurze, große hatten lange Sarkophage.

Imperiale Machtarchitektur

In Richtung Norden folgen die **Préfecture et Trésorerie du Département Bas-Rhin** 3, die früheren Ministerien des ›Reichslandes Elsaß-Lothringen‹, nach Osten die **Bibliothèque Nationale et Universitaire** 4, auch früher schon Universitätsbibliothek, sowie das **Théâtre National de Strasbourg (TNS)** 5. Dass hier früher der Sitz des Landesausschusses von Elsass-Lothringen lag, dürfte heute eher von marginalem Interesse sein.

Gelegenheit, die durchkomponierte Aussicht zwischen diesen beiden Kulturinstitutionen hindurch über die großzügige **Avenue de la Liberté** zur Universität zu würdigen: Macht und Wissenschaft im Dialog, so feierte das Kaiserreich sich gern selbst.

Die breiten, im Karree angelegten Straßen, üppigen Grünflächen und Gebäude in allen Spielarten des Eklektizismus sind typisch für die wilhelminische Stadt-Neugründung. Mit ihr betraut wurde der Straßburger Städteplaner Johann Gottfried Conrath, ein Schüler des berühmten Pariser Präfekten und Stadtumgestalters Georges-Eugène Haussmann.

Tomi Ungerers Fantasien

Endlich, Ende des Jahres 2007, hat einer der bedeutendsten zeitgenössischen Zeichenkünstler, 1931 in Straßburg geboren, sein eigenes Museum bekommen, das **Musée Tomi Ungerer** 6. Doch das gesamte Schaffen des unermüdlichen

A AUSRUHEN

Ernstes Thema, entspannter Umgang: Die Stufen unter der trauernden Mutter Elsass, die im Schoß einen für Frankreich und einen für Deutschland gefallenen Sohn hält, nutzen junge Leute als Sonnenbank und stören sich nicht daran, dass diese, eher halbherzig, mit Ketten abgesperrt sind. Das **Monument aux Morts** 1 ist ein Anti-Kriegs-Denkmal des Pariser Künstlers Léon-Ernest Drivier von 1936, dass an die Toten des Ersten Weltkriegs erinnert.

Palais du Rhin

INFOS/ÖFFNUNGSZEITEN

Musée Tomi Ungerer 6: 2, av. de la Marseillaise, Mi–Mo 10–18 Uhr, vormittags Gruppen, Eintritt 6,50 €. In dem kleinen angeschlossenen Buchladen kann man Ungerer-Bücher kaufen.

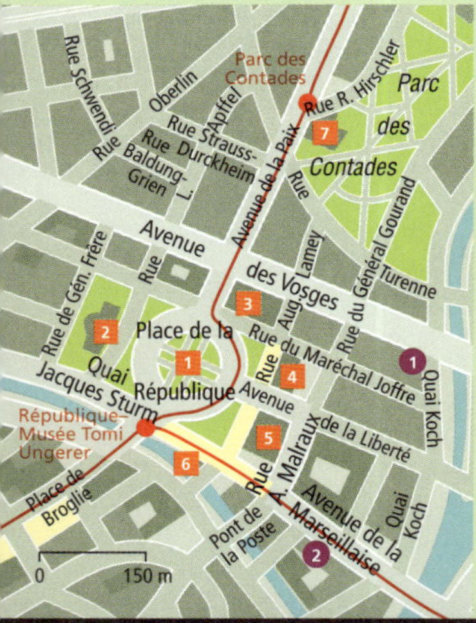

KULINARISCHES FÜR ZWISCHENDURCH

Über die breite wilhelminische Avenue des Vosges kommt man zu der klassischen **Brasserie Pont des Vosges** 1, die auch in Paris stehen könnte: 1950er-Jahre-Anmutung, alte Reklameposter, Spiegel. Kalbsleber und Kalbsnieren, Heringsterrine und Dorade sind die üblichen Verdächtigen in dieser Straßburger Institution mit gehobenen Preisen (15, quai Koch, T 03 88 36 47 75, www.lepontdesvosges.fr, Mo–Sa 12–14, 19–22.30 Uhr, à la carte ca. 45 €).

Snack Michel 2: 20, av. de la Marseillaise, T 03 88 35 45 40, www.cafe-brasserie-michel.com, Mo–Fr 6–21, Sa 6–19 Uhr, Menü 18 €. Gegenüber dem neogotischen Monstergebäude der Post liegt dieses fast schon legendäre, von Beamten, Schülern und Studenten gleichermaßen frequentierte Bistro. Die Koordinaten sehen wie folgt aus: schnelle Bedienung, turbulente Atmosphäre, unschlagbare Preise und durchgängige Küche.

Cityplan: D/E 4/5 | **Tram** République – Musée Tomi Ungerer

Künstlers unter dem Thema ›Kampf gegen Militarismus, Nationalismus und Spießertum‹ zu subsumieren, greift zu kurz. Ungerers fantasiegesättigter Schaffensdrang umfasst durchaus auch genrehafte, ja beinah heimelig wirkende Momente, vor allem in seinen Kinderbüchern.

Die zwischen 1885 und 1887 erbaute neoklassizistische **Villa Greiner** bietet von innen eine strahlend weiße Projektionsfläche, geschaffen vom Architekturbüro Emmanuel Combarel. Aus konservatorischen Gründen wechselt die Auswahl aus den 11 000 Originalen, die der bekennende Elsässer Ungerer seiner Heimatstadt vermacht hat, alle vier Monate.

Im Erdgeschoss sind Beispiele aus Ungerers Spielzeugsammlung und die Entwürfe für seine Kinderbücher ausgestellt. »Emil, der hilfreiche Tintenfisch« oder »Orlando, der brave Geier« zeigen die kindlich-spielerische Seite des Illustrators. Köstlich und meisterhaft auf das Wesentliche beschränkt – selten im überquellenden zeichnerischen Werk – zeigt sich das Schlangenalphabet, entstanden aus Arbeiten zur »Boa Crictor«. Wie vielseitig Ungerer ist, zeigen seine Illustrationen zu »Das Große Liederbuch« (1975), mit dem der Diogenes-Verlag versuchte, das von den Nationalsozialisten usurpierte Volkslied ›zurückzuerobern‹. Ungerers Genrebilder kommen so possierlich-altväterlich daher, dass man es kaum glauben mag. Einflüsse von Gustav Doré, Hansi oder Moritz Schwind verweisen jedenfalls ins 19. Jh.

Tomi Ungerer liebt Spielzeug und sammelt es – wie diesen nostalgischen Flieger, der zu einer Sonderausstellung von der Decke baumelt.

Das Obergeschoss beherbergt die Werbegrafik und gesellschaftskritische Zeichnungen, hauptsächlich aus Ungerers New Yorker Zeit (1956–71). Wer aber den ganzen Ungerer kennenlernen will, muss auch noch ins Souterrain: Es ist Ungerers morbid-erotischen Werken vorbehalten: Die Blätter »Fornikon«, »Totempole«, »Grenouillades« zeigen kopulierende Frösche bis hin zu einigermaßen verstörenden Motiven in der Tradition des spätmittelalterlichen Totentanzes – Sadomaso, Mensch und Maschine, Obsessionen.

UM DIE ECKE

Der Architekt Claude Meyer-Lévy schuf den blockhaften, symbolträchtigen Bau der **Synagogue de la Paix** 7 1958. Die geschwungene Fassade zeigt den Davidstern, zwölf Säulen stehen für die zwölf Stämme Israels (Av. de la Paix, nur von außen zu besichtigen).

Ehre, wem Ehre gebührt: Zu Tomi Ungerers 80. Geburtstag bekam die Haltestelle République einen neuen Doppelnamen.

13

Wissenschaft für alle – das Universitätsviertel

In einem Geist ungebrochener Wissenschaftsgläubigkeit stampften die wilhelminischen Machthaber die Gebäude um das Palais Universitaire aus dem unbebauten Boden. Attraktionen wie das Planetarium, der Botanische Garten und das Zoologische Museum sind auch heute noch lohnende Ziele für Familien mit Kindern.

Seit 1621 gibt es die Straßburger Universität, an der so bedeutende Männer wie Conrad Röntgen, Louis Pasteur und Marc Bloch lehrten. Der berühmteste Student war jedoch Goethe, der 1770/71 hier studierte und sich amüsierte. Als verdenkmalter junger Mann, kess mit Spazierstock und Spitzenjabot, steht er vor dem Palais Universitaire. Ende des 19. Jh., als das Interesse an den Naturwissenschaften institutionalisiert wurde, entstanden all jene Gebäude, die heute den ältesten und ansehnlichsten Teil der Uni bilden.

Von außen denkmalgeschützte Belle Epoque, innen 21. Jh: die Universitätsbibliothek

Geistesblitze vom Dach

Als gelungenste Schöpfung der wilhelminischen Architektur in Straßburg gilt der 1879 bis 1884 vom Berliner Architekten Otto Warth errichtete **Palais Universitaire** 1 mit seiner 125 m breiten Schaufront. Stilistisch ist es an die Palladio-Villa von Vicenza angelehnt. Auf dem Dach stehen 36 Statuen berühmter Wissenschaftler und Theologen von der Renaissance bis zum 19. Jh. Der spektakulär von einem Glasdach abgeschlossene Innenhof steht allen Besuchern offen. Er besticht durch seine zweistöckigen Säulenkolonnaden und die erneuerte Farbigkeit. 1949 fand hier die erste Sitzung des in Straßburg gegründeten Europarats statt.

Ich seh den Sternenhimmel

Auch das **Planétarium** 2 stammt aus dem letzten Drittel des 19. Jh. Während die einstündigen Vorstellungen ausschließlich in Französisch und so für Familien mit Kindern und des Französischen Unkundige nicht besonders sinnvoll sind, kann man sich in der Sternenkrypta an verschiedenen Multimedia-Installationen an die Erkundung des Weltalls machen und die historischen astronomischen Apparaturen bestaunen.

Zwar auch nur auf Französisch, aber dennoch lohnend ist die vor oder nach einer *séance* veranstaltete etwa halbstündige Führung zum benachbarten **Observatoire** 3. Auf sternenförmigem Grundriss erhebt sich die 1881 eingeweihte Große Kuppel. Unter gehörigem Zahnradgepolter – hier geht noch alles mechanisch ohne Elektrizität – lässt der Führer die im Durchmesser über 9 m messende, 34 t schwere Kuppel aufgehen und setzt das hölzerne Beobachtungsgestühl in Bewegung. So kann man den 7 m langen astronomischen Refraktor auf das gewünschte Sternbild ausrichten. Seinerzeit ein Wunderwerk der Wissenschaft, ist er heute als technisches Denkmal ausgemustert. Die Lichtverschmutzung über Straßburg ist einfach zu groß.

Froschkonzert

Da das Observatorium im **Jardin Botanique** 4 steht, bietet sich ein Spaziergang durch den Park an. Die Straßburger und die Studenten der Stadt lieben es, sich beim Schlendern um

N NOCH WAS

Lust auf Badefreuden in stilvollem Ambiente? Im Jugendstil-Badekomplex der **Bains Municipaux** 1 kann man auch römische Saunafreuden im Frigidarium, Tepidarium und Caldarium (Kalt-, Lauwarm- und Heißbad) genießen. Die Räume wirken herrlich altertümlich mit ihren verkrusteten Kupferinstallationen, Marmor, Buntglasfenstern und großväterlichen Sitzbadewannen (E 5, 10, bd. de la Victoire, T 03 88 25 17 58, Tram: Gallia, Sauna f. Männer: Mo 13–19, Do 14–21, Sa 8–12.30, Damen: Mi 13–20, Fr 9–12, 14–20, Mixte: Di 14–21, Sa 13–17.30, So 8–13 Uhr, 16 €. Schwimmbäder: Mo 7–19, Di/Do 8–21, Mi 8.30–20, Fr 8–20, Sa 8–17.30, So 8–13 Uhr, Eintritt 4,40 €.

Cityplan: E/F 5/6 | **Tram** Gallia

INFOS/ÖFFNUNGSZEITEN

Planétarium 2: 13, rue de l'Observatoire, http://jardin-sciences.unistra.fr/planetarium, Kuppel Erw. 6 €, Kinder 4 €.
Jardin Botanique 4: 28, rue Goethe, http://jardin-botanique.unistra.fr, Eintritt frei.
Musée Zoologique 5: 29, bd. de la Victoire, www.musees.strasbourg.eu, 6,50 €.

ALLEIN AUF WEITER FLUR

Café Brant 1: 11, pl. de l'Université, T 03 88 36 43 30, www.cafe-brant.fr, tgl. 7–21 Uhr. Mit seinen alten Säulen, Parkett, Holzvertäfelung und dem fast wienerischen Kaffeehaus-Flair eine Adresse fürs Frühstück oder den Apéro; mittags kleine Karte mit Vorspeisen, warmen Gerichten und Desserts.

den fröschebesetzten Teich, in den Kakteen-, Stein- und Rosengärten oder unter hundertjährigen Bäumen zu entspannen. Auch die tropische Pflanzenwelt der Gewächshäuser lädt zum Verweilen ein, trotz der Tatsache, dass Letztere mittlerweile doch ziemlich heruntergekommen sind. Betrachtet man jedoch das wahrhaft scheußliche Hochhaus der Botanischen Fakultät dahinter, weiß man die wilhelminischen Bauten zu schätzen.

Die Tierwelt zu Gast in Straßburg

Das stattliche historistische Gebäude des **Musée Zoologique** 5 von Otto Warth lädt ein, eine der umfangreichsten naturkundlichen Sammlungen Frankreichs zu entdecken. Das Naturalienkabinett Jean Hermanns (1738–1800), der Grundstock des Museums, wurde komplett mit seinem Schöpfer (in diesem Fall eine Puppe) originalgetreu rekonstruiert.

Hunderte ausgestopfter Tiere entführen in die Fauna der Antarktis, der Anden oder Afrikas. Gorillas, Löwen, Walrosse, riesige Bären und winzige Spitzmäuse schauen den faszinierten Betrachter aus altmodischen Vitrinen heraus an. Eine besondere Rarität ist das älteste bekannte Exemplar des ausgestorbenen Riesenalks von 1776, eines flugunfähigen pinguinähnlichen Vogels, und ein ›eingelegter‹ Quastenflosser, der als lebendes Fossil Berühmtheit erlangte.

Anzug trifft Jeans – **Europaviertel und Parc de l'Orangerie**

14

Weitläufige Bürogebäude: Die EU-Abgeordneten in Parlament und Europarat arbeiten in angenehmer, campusartiger Umgebung. Nicht zu vergessen der Orangerie-Park direkt um die Ecke. Auf Park- und Rasenflächen, am See oder auf dem Kinderspielplatz entspannt sich ›tout Strasbourg‹.

Carrefour de l'Europe, Kreuzung oder Schnittpunkt Europas nennt sich Straßburg gern. So ist es sinnfällig, dass sich die europäischen Institutionen um eine Wasserkreuzung gruppieren. Parlament, Europarat und Palais der Menschenrechte liegen um das Bassin de l'Ill, von dem in vier Richtungen die Ill und der Canal de la Marne au Rhin weiterfließen.

In die Waagschale geworfen

Die beiden architektonisch gelungenen Glaszylinder des Europäischen Gerichtshofs für Menschenrechte, des **Palais des Droits de l'Homme** 1, scheinen über dem Canal du Marne au Rhin zu

Beschlussfähig, aber nicht beliebt: das Europaparlament

schweben. Sie sollen an die beiden Waagschalen der Justitia erinnern. Der britische Architekt Richard Rogers errichtete das postmoderne Gebäude 1995.

Im Garten am Quai Ernest Bevin steht sie noch, zumindest ein kleiner Teil: ein Stück der Berliner Mauer als Memento der Freiheit. Daneben sieht man die wie Mumien bandagierten »Versteinerten Sieben« von Carl Bucher. Der Europäische Gerichtshof prüft Individual- und Staatsbeschwerden gegen Mitgliedsstaaten. Die Brücke, die zur Orangerie herüberführt, der Pont de la Rose Blanche, erinnert an die deutsche Widerstandsgruppe der Weißen Rose.

Einen Architekturpreis erhielt die **Agora** 2, das Gebäude des Europarats nach Plänen des Straßburger Architekturbüros Denu et Paradon. Die zwei papierenen Aufwindtürme auf dem ausgefallenen metallenen Kragdach dienen der Belüftung und stehen für den Umweltschutz.

Den Eingang des Kultursenders arte bewacht der »Giraffenmann« des Künstlers Stephan Balkenhol. Mehr Balkenhol gibt es im Parc de Pourtalès, dort steht seine geheimnisvolle Skulptur »Durch den Baum«.

Symbolhafte Transparenz

Von der Pont Zæpfel sieht man es besonders fotogen über dem Wasser schweben, das **Parlement Européen** 3. Das gläserne Raumschiff, ein Turm um einen ellipsenförmigen Innenhof, wird zum Wasser hin von einer wallähnlichen, abgerundeten Glasfront umschlossen. Abends spiegelt sich das erleuchtete, transparente Bauwerk in Ill und Rhein-Marne-Kanal. Benannt wurde das Gebäude nach der Journalistin, Frauenrechtlerin und langjährigen Alterspräsidentin des Europaparlaments Louise Weiss (1893–1983). Im Innern ist es mit spannenden Details wie einer von Rankpflanzen bewachsenen ›Schlucht‹ und dem in einer holzverschalten Riesenkugel steckenden Plenarsaal ausgestattet. Die zur Zeit 751 Mitglieder des europäischen Parlaments aus 28 Mitgliedsstaaten werden alle fünf Jahre von 500 Mio. Europäern direkt gewählt, das nächste Mal im Mai oder Juni 2019.

Im Rücken der Ill-Kais liegt eine Siedlung aus rosa verputzten Häusern, die **Gartenstadt Ungemach** 4, die der Industrielle Charles-Léon Ungemach 1923 für die Familien seiner Arbeiter bauen ließ. Am Quai du Chanoine Winterer kommt man am langen Glasgebäude des deutsch-französischen Kultursenders **arte** 5 vorbei.

INFOS/ÖFFNUNGSZEITEN

Palais des Droits de l'Homme 1: Quai Ernest Bevin, T 03 90 21 52 17, www.echr.coe.int. Besichtigung für Gruppen ab 25 Personen (ab 18 Jahren) nach Voranmeldung an Sitzungstagen, Juristen können an den Sitzungen teilnehmen.

Parlement Européen 3: Allée du Printemps, T 03 88 17 40 01, www.europarl.europa.eu/visiting. Auf dieser Website kann man sich für kostenlose Führungen auch auf Deutsch während und außerhalb von Plenarsitzungen anmelden, möglichst drei Monate im Voraus.

Palais de l'Europe 6: Av. de l'Europe, Führung (auch auf Deutsch) außerhalb der Sitzungsperioden Mo–Fr, Anmeldung: T 03 88 41 20 29, www.coe.int.

PICKNICK IM GRÜNEN

Auf dem Weg zum Park kommt man praktisch an der **Epicerie Fine Erckmann Chatrian** 1 vorbei. Hier gibt es die besten Feinschmeckerwaren, darunter auch Pizzas, Croissants, Quiches, Getränke und Obst (30, rue Erckmann Chatrian, T 03 88 35 32 98, Mo–Sa 9–18 Uhr).

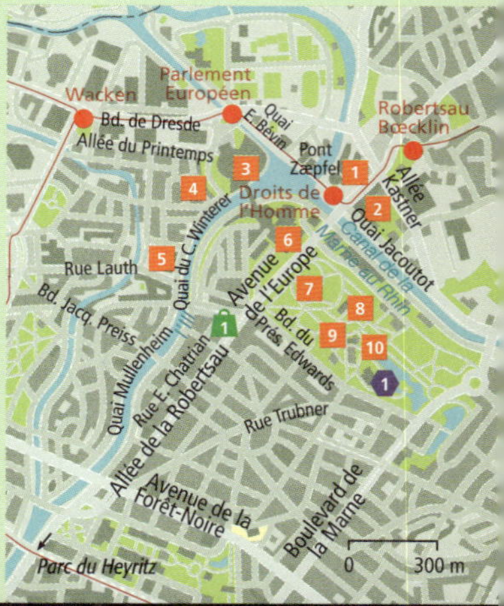

Cityplan: F/G 3/4 | **Tram** Droits de l'Homme

Freude, schöner Götterfunken

Der hochsocklige Betonklotz im 1970er-Jahre-Stil für das **Palais de l'Europe** 6 wurde 1977 von Henry Bernard errichtet. Ziel des am 5. Mai 1949 gegründeten Europarats ist, recht vage formuliert, in Europa einen »gemeinsamen demokratischen und rechtlichen Raum« für die 47 Mitgliedstaaten zu schaffen. Bei einer Besichtigung nach Voranmeldung darf man den an einen Riesenpilz oder -baum erinnernden Sitzungssaal besichtigen und der Europahymne, der »Ode an die Freude« aus Beethovens 9. Symphonie, lauschen.

Auf dem Rasen vor dem Europarat gibt es europäische Kunst mit ›irgendwie‹ menschenrechtlicher Relevanz zu bewundern: das »Vierblättrige Kleeblatt« des Italieners Attilio Pierelli, die »Interpenetration« des Luxemburgers Lucien Wercollier, die »Human Rights« des Spaniers Beltrán und »Europe« vom Österreicher Rudolf Kedl. Ist es Zufall, dass die meisten dieser Kunstwerke der Abstraktion huldigen?

Trotz steigender Mitgliederzahl der EU werden die Sterne auf der blauen Europaflagge nicht mehr. Aus ästhetischen Gründen bleiben es immer zwölf.

Ü
ÜBRIGENS

Wer verbirgt sich eigentlich hinter dem Titel ›Monsieur l'Europe‹? Die Rede ist von **Pierre Pflimlin** (1907–2000), einem waschechten Straßburger, der das Gesicht der Stadt entscheidend geprägt hat und der ein glühender Verfechter des europäischen Einheitsgedankens war. Das Engagement des langjährigen Bürgermeisters von Straßburg (1959–83) und späteren Präsidenten des Europaparlaments hat dazu beigetragen, dass Straßburg heute Sitz des Europarats, des Europäischen Gerichtshofs für Menschenrechte und zahlreicher kleinerer europäischer Institutionen sowie Zweitsitz des Europäischen Parlaments ist.

Der Storch ist das inoffizielle Wappentier im Elsass.

Ab nach draußen

In der größten städtischen Grünanlage, dem **Parc de l'Orangerie** 7, ist der Verkehrslärm zu einem nicht unangenehmen Hintergrundgeräusch gedämpft. Studenten, Eurobeamte, Mütter mit ihren Kindern – wer kann, fährt hier raus zum Frischetanken. Die Geburtsstunde des weitläufigen englischen Parks schlug 1804 mit dem Bau des **Pavillon Joséphine** 8, vor dessen Eingang zwei Sphingen lagern. In ihm kamen Orangenbäumchen und später Kaiserin Josephine unter. Farbenfrohe Blumenrabatte und mächtige Bäume umgeben das klassizistische Gebäude. Und jede Menge Kunst. Von historischer Relevanz wie Albert Schultz' Gänselieselbrunnen von 1899, der zu so etwas wie dem Emblem des alten Elsass wurde, bis zu Patrick Bailly-Maître-Grands rätselhaftem »Puits voleur« – Liebestempel, Observatorium oder *l'art pour l'art*?

Ziegen, Makis, Papageien, Auerhähne und ein Luchs sowie viele Störche, die in Volieren in etwa drei Jahren lernen, nicht auf den gefährlichen Flug nach Afrika zu gehen, sind die Bewohner des **Minizoos** 9. Storchennester allüberall geben ihnen die nötige Brutsicherheit.

Den Feinschmeckertempel **Buerehiesel** 10 hat Eric Westermann von seinem Vater Antoine übernommen, und es lohnt sich, seine exzellente Küche kennenzulernen. Wer dort nicht speisen will: Das Renaissancefachwerkhaus der Gourmetlegende ist auch so ein Hingucker, Balken für Balken wurde es 1895 anlässlich der großen Industrie- und Gewerbeausstellung hierher verpflanzt, nachdem es fast 300 Jahre lang in Molsheim gestanden hatte. Auch der englische Park sowie der See mit Felsen und Wasserfall wurden anlässlich dieser Ausstellung geschaffen. Im Sommer kann man hier **Ruderboote** 1 mieten.

UM DIE ECKE

Der neue **Parc du Heyritz** (🕮 C 7) südlich des großen Klinikgeländes in Finkwiller kommt ausgesprochen gut an. Hauptattraktion ist der mehr als 300 m lange Holzsteg über das Bassin de l'Hôpital. Auch hier hat die Stadt ehemalige Hafenareale neu gestalten lassen und wendet sich dem Wasser zu.

Nah am Wasser gebaut – **Archipel culturel**

#15

Straßburg erfindet sich neu: Städtebauliches Entwicklungsprojekt des 21. Jh. ist das Kultur- und Shoppingzentrum auf dem ehemaligen Hafengelände am Bassin d'Austerlitz. Fußgängerbrücken führen über das Bassin, neu gestaltete Promenaden mit Betonbänken laden zum Schlendern ein, auf dem Wasser dümpeln Schwäne und im Sommer auch Treetboote …

Steht man vor dem kubistisch verschachtelten Konservatorium aus rotem Vogesensandstein, sieht man im Norden den Münsterturm aufragen. Architekt Henri Gaudin zeichnet für die **Cité de la Musique et de la Danse** 1 verantwortlich. Hier haben Konservatorium und städtische Musikschule ihren Sitz. In dem 500 Zuschauer fassenden Saal finden Musik- und Tanzveranstaltungen und das Festival zeitgenössischer Musik, **Musica,** statt.

1892 fuhr auf dem Bassin d'Austerlitz das erste Mal ein Dampfschiff, heute werden Lagergebäude und Silos rundherum zu Kulturstätten umgebaut.

Alles unter einem Dach

Von außen besteht das Einkaufszentrum **Rivetoile** 1 aus vier durch Glastrakte miteinander verbundenen Gebäudeblocks – in den oberen Geschossen liegen Wohnungen. Im Innern beherbergt es eine Mall auf zwei Etagen, die sich über Hunderte von Metern dahinzieht, gesäumt von Restaurants, Snacks und Geschäften – Geschirr, Kosmetik, Papierwaren, Friseure, Schmuck, zum größten Teil Bekleidung – das meiste davon Damenmode. Die Grundfläche ist fast dreimal so groß wie die der Mediathek. Immer wieder unterbrechen Sitzgruppen mit immer anders gestalteten Papierlampen der Designerin Cecile Wright den Einkaufsalltag.

INFOS/ÖFFNUNGSZEITEN

Cité de la Musique et de la Danse 1: 1, place Dauphine, www.conservatoire.strasbourg.eu/. Öffentliche Konzerte und Veranstaltungen, meist gratis, s. Website. Das Festival Musica feiert hier jedes Jahr im Sept./Okt. herausragende Werke zeitgenössischer Musik.

Médiathèque André Malraux 2: 1, presqu'île André Malraux, www.mediatheques-cus.fr, Di, Do 12–19, Fr 12–20, Mi, Sa 10–19 Uhr.

Shadok 3: 25, presqu'île André Malraux, www.shadok.strasbourg.eu, Mi/Do, Sa 10–19, Fr 10–22, jeden zweiten So 11–18 Uhr.

Rivetoile 1: 3, place Dauphine, www.rivetoile.com, Geschäfte Mo–Fr 10–20, Sa 9–20, Leclerc 9–20.30, Restaurants tgl. 11–23 Uhr.

KULINARISCHES FÜR ZWISCHENDURCH

Das Café-Restaurant **Stein** (1, place Dauphine, in der **Cité de la Musique et de la Danse** 1, T 03 88 84 75 12, http://stein-patissier.com, Mo–Sa 8–19 Uhr, Vorspeise und Hauptgericht 10,50 €) ist ideal für Kaffee oder Wein, kleine Happen oder den günstigen Formule, inmitten eines nüchternen Design-Interieurs mit roten Sitzen. Wenn es warm ist, sitzt man sehr schön draußen.

Sushi, Sashimi, Yakitori und andere japanische Spezialitäten gibt es im **Sushi Club** (3, place Dauphine, im **Rivetoile** 1, T 03 88 40 83 89, tgl. 10–23 Uhr, ab 10 €) in einer Umgebung zwischen Zen und Design in kupfernen, grauen und weißen Tönen. Ein Speiseband läuft um die Theke, aber es gibt auch Tischservice.

Cityplan: D/E 7 | **Tram** Étoile

»Ich sitze hier, weil es Spaß macht«: Sommer im Archipel culturel.

Zumindest die architektonische Gestaltung des von Bewohnern und Touristen gut angenommenen Einkaufszentrums kann man nur gelungen nennen. Ein riesiger Leclerc-Lebensmittelmarkt bietet gute Möglichkeiten zum Gourmet-Einkauf; Geschäfte wie die von H&M bis Swarovsky findet man indes in jeder Stadt Europas.

Beton, Glas, Edelstahl

Glas und Edelstahl, beides Leitmaterialien zeitgenössischer Architektur, lassen den lang gezogenen Kubus der **Médiathèque André Malraux** 2 im Sonnenlicht gleißen, entworfen vom Architektenbüro Ibos et Vitart. Auf 12 000 m² wird hier das kulturelle Erbe des Elsass nicht nur verwahrt, sondern auch den Bürgern zugänglich gemacht: 160 000 Dokumente von alten Inkunabeln über Periodika bis hin zu CDs. Durch einen vier Stockwerke hohen Schacht aus unverkleidetem Beton gelangt man in das rot-graue Foyer, das eine Info-Theke und ein Café enthält. Ausstellungen und Lesungen bieten ein vielfältiges Programm. Schienen und Lastkräne legen Zeugnis von der verabschiedeten Industriekultur des 20. Jh. ab; im Sommer wandelt sich das Areal um die Mediathek zum Stadtstrand und Freizeitquartier.

Das 2015 eröffnete **Shadok** 3, ebenfalls an den ehemaligen Docks gelegen, nennt sich Fabrique du numérique, Zentrum für digitale Kultur. Forscher, Studenten und Start-ups finden hier im modernisierten Entrepôt Seegmuller aus den 1930er-Jahren Co-Working-Bereiche, Ton- und Video-Studios und Platz für Workshops, DJ-Battles, Festivals, Konferenzen und Ausstellungen. Für Besucher ist es bei Events und Ausstellungen sowie ein bis drei Sonntage pro Monat zugänglich, im Erdgeschoss gibt es ein Restaurant.

Ü
ÜBRIGENS

Die zwei großen Lagergebäude an der Môle Seegmuller, heute **Mediathek** 2 und **Shadok** 3 gehörten der gleichnamigen Firma, einem Schiffsausrüster, der im Jahr 2000 den Standort aufgab. Die 1934 erbaute **Tour Seegmuller** in der Mitte dazwischen, ein ehemaliges Getreidesilo, wurde zum Studentenwohnheim umgebaut: Ende 2015 zogen die ersten Mieter ein.

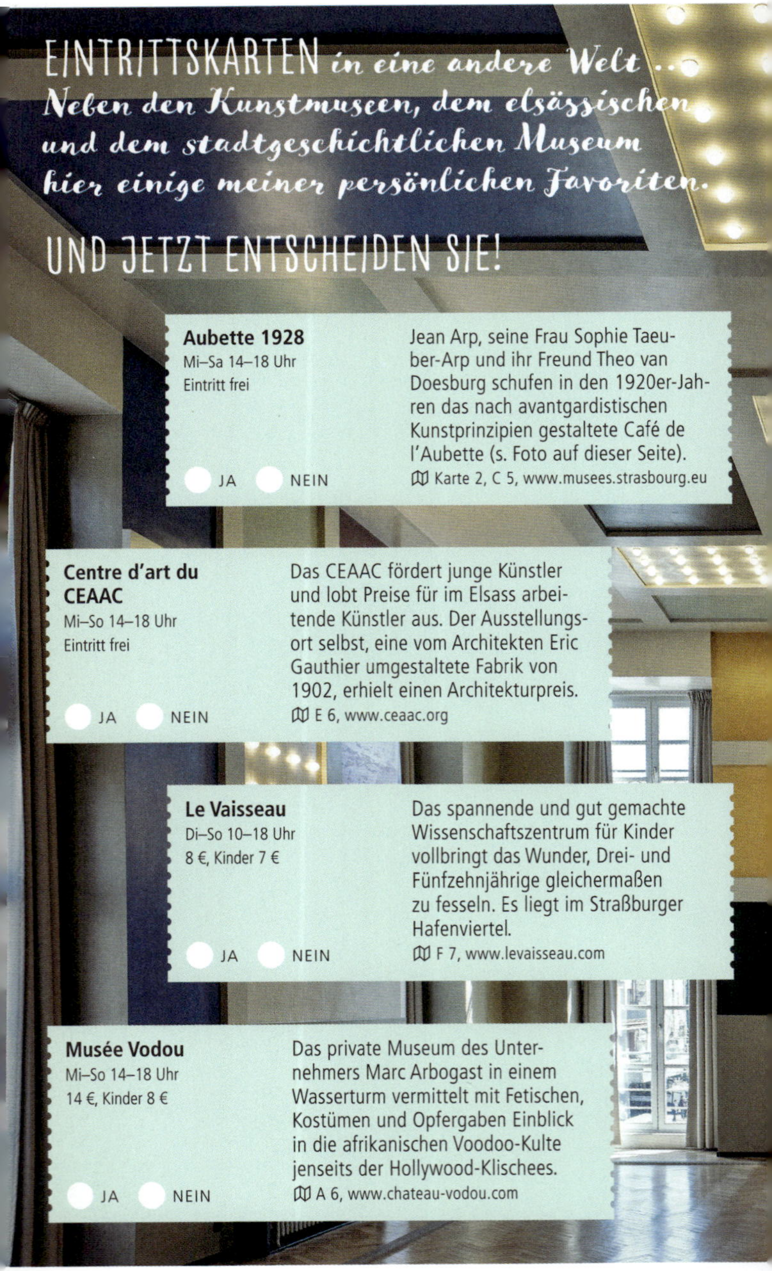

EINTRITTSKARTEN *in eine andere Welt …*

Neben den Kunstmuseen, dem elsässischen und dem stadtgeschichtlichen Museum hier einige meiner persönlichen Favoriten.

UND JETZT ENTSCHEIDEN SIE!

Aubette 1928
Mi–Sa 14–18 Uhr
Eintritt frei

Jean Arp, seine Frau Sophie Taeuber-Arp und ihr Freund Theo van Doesburg schufen in den 1920er-Jahren das nach avantgardistischen Kunstprinzipien gestaltete Café de l'Aubette (s. Foto auf dieser Seite).

🕮 Karte 2, C 5, www.musees.strasbourg.eu

○ JA ○ NEIN

Centre d'art du CEAAC
Mi–So 14–18 Uhr
Eintritt frei

Das CEAAC fördert junge Künstler und lobt Preise für im Elsass arbeitende Künstler aus. Der Ausstellungsort selbst, eine vom Architekten Eric Gauthier umgestaltete Fabrik von 1902, erhielt einen Architekturpreis.

🕮 E 6, www.ceaac.org

○ JA ○ NEIN

Le Vaisseau
Di–So 10–18 Uhr
8 €, Kinder 7 €

Das spannende und gut gemachte Wissenschaftszentrum für Kinder vollbringt das Wunder, Drei- und Fünfzehnjährige gleichermaßen zu fesseln. Es liegt im Straßburger Hafenviertel.

🕮 F 7, www.levaisseau.com

○ JA ○ NEIN

Musée Vodou
Mi–So 14–18 Uhr
14 €, Kinder 8 €

Das private Museum des Unternehmers Marc Arbogast in einem Wasserturm vermittelt mit Fetischen, Kostümen und Opfergaben Einblick in die afrikanischen Voodoo-Kulte jenseits der Hollywood-Klischees.

🕮 A 6, www.chateau-vodou.com

○ JA ○ NEIN

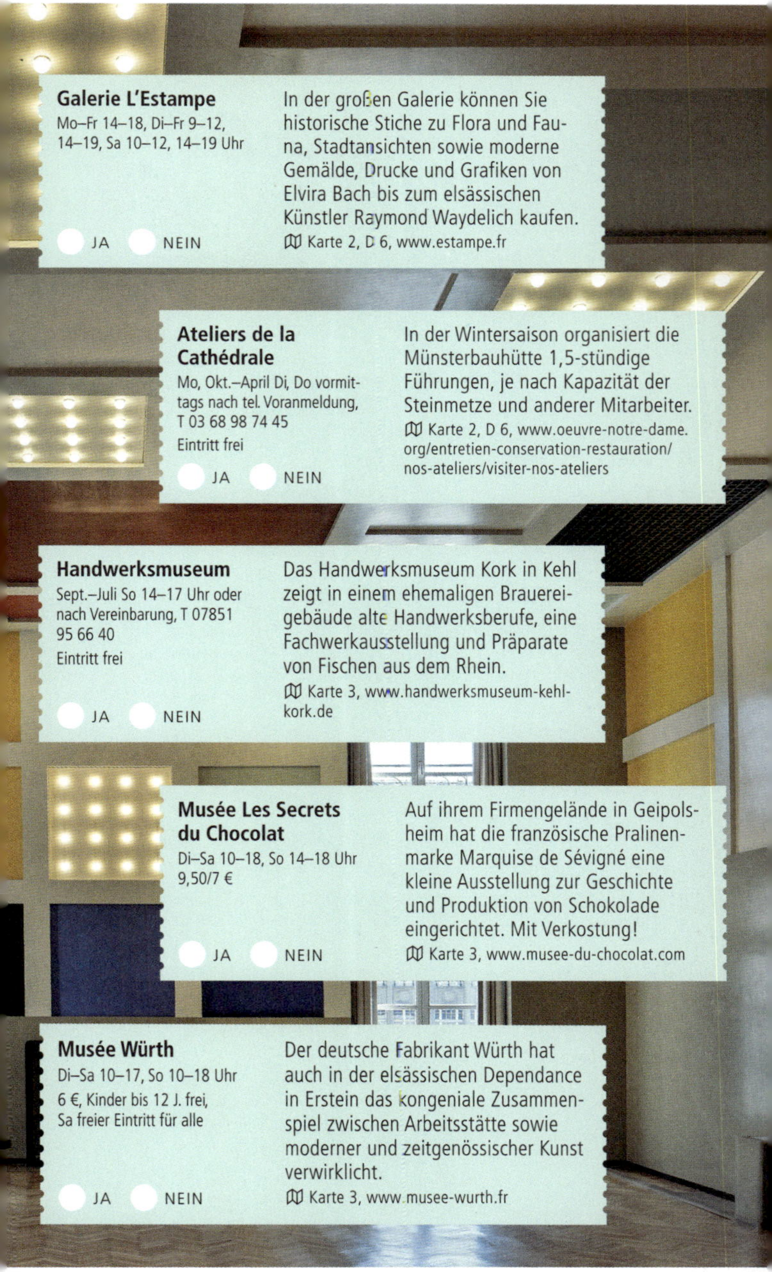

Galerie L'Estampe
Mo–Fr 14–18, Di–Fr 9–12, 14–19, Sa 10–12, 14–19 Uhr

In der großen Galerie können Sie historische Stiche zu Flora und Fauna, Stadtansichten sowie moderne Gemälde, Drucke und Grafiken von Elvira Bach bis zum elsässischen Künstler Raymond Waydelich kaufen.

Karte 2, D 6, www.estampe.fr

JA NEIN

Ateliers de la Cathédrale
Mo, Okt.–April Di, Do vormittags nach tel. Voranmeldung, T 03 68 98 74 45
Eintritt frei

In der Wintersaison organisiert die Münsterbauhütte 1,5-stündige Führungen, je nach Kapazität der Steinmetze und anderer Mitarbeiter.

Karte 2, D 6, www.oeuvre-notre-dame.org/entretien-conservation-restauration/nos-ateliers/visiter-nos-ateliers

JA NEIN

Handwerksmuseum
Sept.–Juli So 14–17 Uhr oder nach Vereinbarung, T 07851 95 66 40
Eintritt frei

Das Handwerksmuseum Kork in Kehl zeigt in einem ehemaligen Brauereigebäude alte Handwerksberufe, eine Fachwerkausstellung und Präparate von Fischen aus dem Rhein.

Karte 3, www.handwerksmuseum-kehl-kork.de

JA NEIN

Musée Les Secrets du Chocolat
Di–Sa 10–18, So 14–18 Uhr
9,50/7 €

Auf ihrem Firmengelände in Geipolsheim hat die französische Pralinenmarke Marquise de Sévigné eine kleine Ausstellung zur Geschichte und Produktion von Schokolade eingerichtet. Mit Verkostung!

Karte 3, www.musee-du-chocolat.com

JA NEIN

Musée Würth
Di–Sa 10–17, So 10–18 Uhr
6 €, Kinder bis 12 J. frei, Sa freier Eintritt für alle

Der deutsche Fabrikant Würth hat auch in der elsässischen Dependance in Erstein das kongeniale Zusammenspiel zwischen Arbeitsstätte sowie moderner und zeitgenössischer Kunst verwirklicht.

Karte 3, www.musee-wurth.fr

JA NEIN

Straßburger Museumslandschaft

Rund ein Dutzend Museen bieten in Straßburg ein kleines, aber feines Programm an Ausstellungen; die städtischen Museen darunter sind im Verbund mit einer gemeinsamen Direktion organisiert. Herausragende Ereignisse der letzten Jahrzehnte waren die Eröffnung des Museums für moderne und zeitgenössische Kunst im Jahr 1998 sowie des Historischen Museums in der Großen Metzig und des Internationalen Zentrums für Illustration Tomi Ungerer in der Villa Greiner im Jahr 2007.

Die Straßburger Museen gehen in ihrer heutigen Form auf ein tragisches Ereignis im Deutsch-Französischen Krieg zurück. In der belagerten Stadt fiel in der Nacht des 24. August 1870 aufgrund des Beschusses ein Teil des Aubette-Gebäudes und mit ihm die Gemälde- und Skulpturensammlung einem furchtbaren Brand zum Opfer. Schon bald nach dem Schock durch die Katastrophe begannen Sammler und Künstler, die Stadt beim Wiederaufbau der Kunstsammlung zu unterstützen.

INFORMATIONEN

Internet
www.otstrasbourg.fr, www.musees.strasbourg.eu
Öffnungszeiten
Museen Mi–Mo 10–18 Uhr, außer: Musée d'Art Moderne et Contemporain, Musée Historique und Musée de l'Œuvre Notre-Dame Di–So 10–18 Uhr.
Preise und Ermäßigungen
Kostenloser Eintritt jeden 1. So im Monat. Ansonsten Eintritt Erwachsene 6,50–7 €, Kinder 3–3,50 €. Mit dem Strasbourg-Pass (im Office de Tourisme erhältlich) kann man ein Museum gratis und ein weiteres zum halben Preis besichtigen, außerdem sind ein Leihrad für einen halben Tag, eine Bootsrundfahrt und der Aufstieg zur Münsterplattform inklusive. Preis Erwachsene 18,90 €, Kinder und Jugendliche 9,45–12,45 €, drei Tage ab Verkauf gültig.

Protzen im Namen der Kirche: Fürstlich, nicht klösterlich karg, so schätzte es schon der Kardinal de Rohan zu Lebzeiten.

Advent und Weihnachten – Capitale de Noël

In Straßburg, das sich ohne falsche Bescheidenheit Capitale de Noël, Weihnachts-Hauptstadt, nennt, wird Weihnachten, wie überall im Elsass, viel aufwendiger als irgendwo sonst in Frankreich begangen. In der festlich beleuchteten Innenstadt glänzen überall die Lichter.

Weihnachtsmärkte

Alle Jahre wieder: Zur Adventszeit, ab Ende November bis kurz vor Heiligabend, findet auf der **Place de la Cathédrale** (🗺 D 6), der **Place des Meuniers** (🗺 C 6), der **Place Benjamin Zix** (🗺 C 6), der **Place du Marché-Neuf** (🗺 D 5/6), der **Place de Broglie** (🗺 D 5) und der **Place de la Gare** (🗺 B 5), also praktisch in der gesamten Altstadt, der Christkindelsmärik (*marché de Noël*) statt, eine vor allem an den Wochenenden drangvoll enge, aber stets freundliche Angelegenheit.
Mit rund 300 Hütten an zwölf Orten zählt der Straßburger Weihnachtsmarkt zu den größten Europas. Und weil er schon seit dem Jahr 1570 stattfindet, zählt er auch zu den ältesten und traditionsreichsten Weihnachtsmärkten.
Es duftet nach Glühwein (*vin chaud*) oder nach heißem Orangensaft mit Honig (die alkoholfreie Variante), nach Makronen, Anisplätzchen, Lebkuchen und Zimtwaffeln sowie Salzigem wie Baguettes mit heißem Camembert und Zwiebeln. An den Ständen gibt es Kunsthandwerk, knallbuntes Zuckerwerk und Weihnachtsbaumschmuck – der Weihnachtsbaum ist schließlich eine elsässische Erfindung vom Ende des 18. Jh. Das riesige Angebot ist allerdings weitgehend normiert, besonders Originelles sucht man vergeblich. Lediglich die Märkte auf der Place Benjamin Zix, auf der Place des Meuniers und auf der Place du Marché-Neuf bieten authentische elsässische Kulinaria von Pilzen aus den Vogesen bis zu Honig an.

Festlich geschmückt

Im Advent hat die Stadt einiges zu bieten: Auf der **Place Kléber** (🗺 C 5) steht, worauf die Straßburger ganz besonders stolz sind, der größte Weihnachtsbaum Frankreichs. Darunter legen die Straßburger Geschenke für die Armen der Stadt nieder. Jeder Straßenzug funkelt und schimmert in seiner eigenen Weihnachtsdeko: Lichternetze über den Köpfen, weiß-silbern angestrahlte Glitzerbäume mit bunten Kerzchen, Girlanden mit roten Äpfeln. Über der Rue des Hallebardes funkeln Kristalllüster.
Auf der **Place Gutenberg** (🗺 D 6) stellen traditionelle Handwerker, manches Jahr auch aus anderen Weihnachtsmetropolen wie Russland, ihre Kunst aus, und im Souterrain der Handelskammer werden Weihnachtsgeschichten aus aller Welt für die Kinder erzählt. An der **Place du Château** (🗺 D 6) eröffnet eine allseits beliebte Schlittschuhbahn. Jedes Geschäft ist festlich geschmückt, im **Temple Neuf** (🗺 D 5) und anderen Kirchen schmettern die Adventssänger, Krippen- und weitere weihnachtliche Ausstellungen sind zu bewundern.
Vor dem Einkaufszentrum **Rivetoile** (🗺 E 7) wird eine Eisbahn aufgebaut. Die Brauereien brauen spezielle Weihnachtsbiere und die meisten Restaurants kreieren weihnachtliche Menüs mit Lebkuchen- und Zimtaromen. Krönender Abschluss des Ganzen ist die höchst festliche und weihevolle Mitternachtsmette in der **Kathedrale** (🗺 D 6).

Mir rede au Elsassisch

Totgesagte leben länger: Seit Jahrzehnten behaupten Sprachexperten, der Dialekt sei zum Aussterben verurteilt. Doch zwischen der offiziellen Landessprache Französisch und dem ebenfalls gebräuchlichen Hochdeutsch behauptet sich das Elsässerditsch als ›Heimetsproch‹. Mehrsprachigkeit und Regionalität finden eine hohe Akzeptanz.

Zumindest theoretisch. Und praktisch? Elsässisch sprechen immer weniger Straßburger – und Elsässer. Neben Deutsch und Französisch besitzt ihre dritte, volkstümliche Sprache, eine alemannische Mundart, so klangvolle Wörter wie Sumervogel für Schmetterling und Allerleischwatza für den Fernseher. Und wer würde nicht gerne in Straßen mit so wunderbaren Doppelnamen wohnen wie Rue des Drapiers oder Tüecherstubgass, Rue des Moulins oder Müehleplan, Rue du Fossé des Tanneurs oder Gerwergrave, Quai Au Sable oder Sandplätzel. Sie alle sind sowohl in Französisch als auch in Mundart ausgeschildert.

Auch wenn das Elsässische in den 1980er-Jahren mit Autoren und Liedermachern wie André Weckmann und Roger Siffer als Protest-Mundart in Künstler- und Intellektuellenkreisen schick wurde, ist nicht zu leugnen, dass es sich wie viele europäische Regionalsprachen auf dem Rückzug befindet. Trotzdem: Wer aus den angrenzenden deutschen Regionen in Straßburg seinen Dialekt spricht, wird verstanden.
Nach Ende des Zweiten Weltkriegs sprachen noch gut 90 % der Bewohner des Elsass den regionalen Dialekt. Doch das änderte sich, auch durch offiziellen Druck: Wer in der Schule Elsässisch sprach, wurde bestraft. Bei einer Erhebung aus

Aktivist, Liedermacher, Sänger, Kabarettist und Theaterleiter: Roger Siffer in der Choucrouterie

dem Jahr 2012 gaben nur noch 43 % der Bevölkerung an, Elsässisch zu beherrschen. Bei Kindern und Jugendlichen sind es noch 3 %.
Auch das Elsässische kennt zahlreiche lokale Varianten, im Norden ähnelt es dem Pfälzer Idiom, im Süden verstehen die Schweizer alles gut – dort heißt die Winstub schon Wistub.

Volkskultur

Musée Alsacien 🕮 Karte 2, D6
Die größte Sammlung elsässischer Volkskunst zeigt Hausrat, Trachten, Devotionalien, Keramik, Spielzeug, eine alte Apotheke und eine Renaissancestube aus einem Winzerhaus aus Ammerschwihr. Das Museum ist stilvoll in drei Häusern aus dem 17./18. Jh. untergebracht, die zwei reizende Innenhöfe mit umlaufenden Holzgalerien und Schnitzbalken haben. In stetem Treppauf und Treppab führt der Rundgang durch die verschachtelten Räume.
23, quai St-Nicolas, Tram: Porte de l'Hôpital, Mi–Mo 10–18 Uhr, Eintritt 6,50 €

Stadtgeschichte

Musée Historique 🕮 Karte 2, D 6
Das Museum nimmt den ›Metzig‹ ein, das hufeisenförmige Renaissancegebäude des ehemaligen Schlachthauses. Zeitgemäß präsentierte Exponate – darunter viele Kanonen und sonstige Waffen, die Straßburgs Vergangenheit als Garnisonsstadt illustrieren – lassen die Zeit vom Mittelalter bis in die Gegenwart lebendig werden. Gemälde und Zeichnungen, Alltagsgegenstände und Modelle, darunter das aus dem Jahr 1727 stammende große Stadtmodell im Maßstab 1:600, vermitteln politische, wirtschaftliche, soziale und kulturelle Aspekte der Straßburger Stadtgeschichte.
3, place de la Grande Boucherie, Tram: Porte de l'Hôpital, Di–So 10–18 Uhr, Eintritt 6,50 €

Ehemalige Sauerkrautfabrik

La Choucrouterie 🕮 C 6
Der ›elsässische Barde‹ Roger Siffer führt in der Krutenau eine von Künstlern, grünen Politikern und Anhängern der ›elsässischen Renaissance‹ frequentierte Winstub, charmant mit Antiquitäten, Flohmarkttrödel, Glasperlenlampen und Tomi-Ungerer-Grafiken eingerichtet. Die innovative Regionalküche kennt neben Baeckeoffe mehrere Sauerkrautarten, darunter mit Räucherfisch, mit geräucherten Entenschenkeln und Zwiebelkonfitüre sowie (auf Vorbestellung) eine Variante auf jüdische Art mit Räucherrindfleisch und Knoblauchwurst. Zum dazugehörigen Theater geht man nur kurz einmal über den Hof. Auf Französisch und in Elsässer Mundart, hin und wieder sogar auf Deutsch, wird teils klabautrige, teils ätzend satirische Kleinkunst und Kabarett dargeboten, bei der alle, vor allem aber die Obrigkeit und die Konservativen, ihr Fett abkriegen. Die familiäre Enge macht einen Teil des Charmes dieses Flaggschiffs der Regionalkultur abseits von Trachtengruppen und Storchenromantik aus.
Im La Chouc' ist der Geist der 1968er und der Wyler Anti-Atomkraftler noch ausgesprochen lebendig.
20, rue St-Louis, Tram: Porte de l'Hôpital, Theater: T 03 88 36 07 28, www.theatredelachouc.com, Winstub: T 03 88 36 52 87, www.restaurantdelacouc.com, Di–Fr 12–14, Di–So 19–23 Uhr, Sauerkrautgerichte 15–19 €

Ü
ÜBRIGENS

Der Verein **Il était une fois la ville** will auf originelle Weise mit der Straßburger Geschichte vertraut machen: Bei den zweistündigen historischen Schnitzeljagden werden Altstadt, Kathedrale und Petite France erkundet. Die Gruppen erhalten eine Anweisung (auch in deutscher Sprache), nach der Rallye werden die Antworten ausgewertet (Anmeldung unter T. 03 88 31 05 25, www.iletaitunefoislaville.com, Parcours für Kinder und für Erwachsene, Preise je nach Gruppengröße: Erw. 9–12 €, Kinder 5–7 €).

Pause. Einfach mal abschalten

Mittagspause im Grünen, ein romantisches Plätzchen am Wasser, Ruhe und Natur – auch das bietet Straßburg. Die Parks locken nicht nur Studenten und Mütter mit Kindern nach draußen, auch für Radtouren und Spaziergänge sind sie lohnende Ziele.

Straßburg am Abend

Place Benjamin Zix und Ill-Ufer
Karte 2, C 6
Es dämmert, die Laternen gehen an und tauchen die Fachwerkhäuser der Petite France in ein romantisches Zwielicht. Dann gibt es kein schöneres Fleckchen als die Place Benjamin Zix, um unter der alten Platane einen fruchtigen Muscat zu trinken und zu warten, bis die Sommernacht endgültig Einzug hält. Auch der Spaziergang an der Ill bis zu den Restaurantbooten am Quai des Pêcheurs entwickelt in den frühen Abendstunden einen ganz eigenen Reiz.

B
BADEN

Strandurlaub und Wassersport am Straßburger Stadtrand? Kein Problem. Der Badesee **Etang du Baggersee** in Illkirch-Meinau hat sogar eine eigene Tram-Haltestelle (außerhalb). Man kann schwimmen, sich am Sandstrand sonnen, kostenlos klettern oder Fahrrad fahren – an warmen Sommertagen scheint ganz Straßburg hier Badeurlaub zu machen. Kanufahren lässt es sich am besten mit **Strasbourg Eaux-Vives** (G 3). Der Club liegt mitten im von Wasserwegen durchzogenen Europaviertel. Von hier kann man auf dem nahen Stausee, auf der Ill und ihren Kanälen durch die Stadt, im Rheinhafen und auf dem Rhein mit Kajaks und Kanus paddeln (36, rue Pierre de Coubertin, T 03 88 31 49 00, http://strasbourg.eauxvives.free.fr, ½ Tag 15 €, Tag 20 €).

Teatime

Le Thé des Muses Karte 2, C 6
Ein Salon de Thé zum Wohlfühlen, genau das Richtige bei dauerhaftem Nieselregen oder müden Füßen nach einem ausgiebigen Stadtbummel. Bei einem Stück der köstlichen Obsttartes (mit Blaubeeren, Pfirsich, Zwetschgen, Birnen, Zitronen ...), Linzertorte oder Cakes lässt sich die Aromenvielfalt der großen Teeauswahl entspannt genießen. An die 300 Sorten aus dem schier unendlichen Tee-Kosmos – schwarz, grün, weiß, viele verschiedene Früchte – verkauft dieses kleine Geschäft, dazu apartes Teegeschirr.
19, rue Ste-Barbe, www.thedesmuses.com, Tram: Langstross/Grand'Rue, Mo 14–19, Di–Sa 10–19 Uhr.

Zurück zur Natur

Parc de Pourtalès J/K 1
Ein weitläufiger naturbelassener Park erstreckt sich um das im Wesentlichen aus dem Zweiten Kaiserreich stammende Schloss von Pourtalès. Wer hier joggt, das Grün für Ballspiele nutzt oder den Kinderwagen schiebt, kann sich auf die Suche nach Kunstwerken begeben, die die Beziehung Mensch-Natur visualisieren. Barry Flanagans »Kricketspieler« ist ein heiter tänzelnder Hase aus Bronze. Durch Stephan Balkenhols »Durch den Baum«, die Reste eines gewaltigen Bubinga-Baums, kann man hindurchgehen, während Jean-Marie Krauths 137 nur 13,5 cm große Bronzezwerge sich an

Augen auf im Parc de Pourtalès, dann bleibt auch der »Wald, der hört und schaut« von Claudio Parmiggiani nicht unentdeckt.

der Dreiwegekreuzung unter einer Eiche im Laub verstecken, Titel: »Ihr Ort«. Geheimnisvoll und chamäleongleich gut getarnt sind auch die teils menschlichen, teils pflanzlichen »Arbrorigènes« (»Baum-Eingeborene«) von Ernest Pignon-Ernest, acht Baumkletterer aus einem speziellen Polyurethan, das zur Fotosynthese fähig ist. Claudio Parmiggiani hat 15 bronzene Riesenohren wie antike Stelen aufgestellt, Zeichen für Sensibilität und Kommunikation.

Rue Mélanie/Vorort Robertsau, Tram: Observatoire, dann Bus 15 bis Lamproie

Deutsch-französische Freundschaft

Jardin des Deux Rives 🕮 J/K 8

Der grenzüberschreitende ›Garten der zwei Ufer‹ wurde 2004 auf der französischen Rheininsel und einem schmalen Uferbereich im deutschen Kehl angelegt. Marc Mimrams zweisträngige Passerelle für Fußgänger und Radfahrer schwingt sich grazil über den Rhein – als Bindestrich zwischen den beiden Ländern. Am französischen Ufer ist eine 250 m lange und 2–5 m hohe halbkreisförmige Wasserwand aus Naturstein die Hauptattraktion. Davor sind Wassergärten angelegt und schießen Fontänen in die Höhe. Mehrere runde Gärten, die regelmäßig erneuert werden, haben je ein Thema: ein Labyrinth für Kinder mit Hase und Schildkröte, eine Dünenlandschaft mit hölzernen Eisenbahnschienen, Heilpflanzen. Alle Beschriftungen sind zweisprachig. Spielgeräte, der 44 m hohe Aussichtsturm am deutschen Ufer und die Weite der Anlage sind ideal für den Familienausflug.

Bus 2 vom Hauptbahnhof bis Jardin des Deux Rives

Spiel und Sport

Parc de la Citadelle 🕮 G 7

Einst stand hier eine fünfeckige Zitadelle des berühmten Festungsbaumeisters Vauban, die ab 1681 erbaut wurde und von der noch einige Mauerstücke und ehemalige Wassergräben zu sehen sind. Heute wird hier anderes im Sturm genommen, und zwar von Kindern: der 500 m² große Wasserspielplatz. Daneben trifft man in der großen Grünanlage im Südosten der Stadt Jogger und Hundebesitzer, Spaziergänger und Nordic Walker sowie mit Yoga oder Tai Chi Beschäftigte.

Rue de Boston, Quai des Alpes, Quai des Belges, Tram: Esplanade

Atmosphère toujours

Im Stadtzentrum erfüllen Mittelklasse- und Boutiquehotels die Bedürfnisse von Wochenendbesuchern nach einer atmosphärisch stimmigen, aber nicht allzu teuren Unterkunft für einen entspannten Aufenthalt. Preiswerte Hostels und Jugendherbergen für alle Gäste ›on a budget‹ haben dagegen Seltenheitswert in Straßburg. Auch deswegen wächst das Angebot an Ferienwohnungen – eine Unterkunftsvariante, die in vielen Städten wegen der Zweckentfremdung von Wohnraum umstritten, in Straßburg aber noch gestattet ist.

Steigender Beliebtheit erfreuen sich die Chambres d'hôte, das französische Pendant zum britischen Bed & Breakfast. Solche Gästezimmer gibt es in privaten Unterkünften (www.otstrasbourg.fr, www.chambre-hotes.fr, www.airbnb.de), mal modern und recht schick, mal eher improvisiert.

Die angegebenen Preiskategorien beziehen sich auf ein Doppelzimmer ohne Frühstück. Wer ein Zimmer als Einzelperson belegt, zahlt leider kaum weniger. Attraktiver als das meist karge und häufig für das Angebotene recht teure Hotelfrühstück ist ein selbst organisiertes Frühstück in einem Café oder in einer Bäckerei in der Nachbarschaft.

Straßburg ist, nicht zuletzt aufgrund der zahlungskräftigen Klientel rund ums Europaparlament, ein recht teures Pflaster. Immer wenn der Parlamentariertross in Straßburg einfällt, sind sämtliche Unterkünfte lange im Voraus ausgebucht. Falls möglich, bei der Reiseplanung also auch Ausweichtermine checken.

Heiterer Unsinn im Graffalgar

ZUM SELBST ENTDECKEN

Rund um den **Bahnhof** reiht sich gleich eine ganze Reihe an Hotels auf. Es sind keineswegs nur schäbige Quartiere wie in manchen anderen Städten.

Budget-Hotelketten wie Ibis Budget, Mister Bed oder B&B bieten günstigere Zimmer, liegen aber meist außerhalb des Zentrums und teils auch an befahrenen Straßen.

Mitten im Trubel der historischen Altstadt

Citôtel Hôtel des Arts Karte 2, D 6

Das 2-Sterne-Hotel ohne Schnickschnack liegt unweit der Kathedrale – die 24 recht kleinen Nichtraucher-Zimmer sind einfach, aber alle haben WC und Dusche; Zimmer 201 mit Gauguin-Repros bietet einen Blick auf den immer belebten Ferkelmarkt. Ein Hotel für den Kurzaufenthalt mit kleinem Geldbeutel.

10, place du Marché aux Cochons de Lait, T 03 88 37 98 37, www.hotel-arts.com, Tram: Langstross/Grand'Rue, DZ 110 €

Zeitgenössisches Design

EtC-Hotel Karte 2, C 6

Das 2-Sterne-Hotel in dem geschäftigen Viertel um die Grand'Rue gibt sich ganz in zeitgenössischem Stil. Alle 35 Zimmer haben eine moderne Einrichtung und je eigene Farbgestaltung – warme Terrakotta- und Sonnentöne sorgen für eine gemütliche und freundliche Atmosphäre, Metallic-, Blau- und Brauntöne für kühle Eleganz. Neben Doppelzimmern können auch Dreier- und Viererzimmer gebucht werden.

7, rue de la Chaîne, T 03 88 32 66 60, www.etc-hotel.com, Tram: Langstross/Grand'Rue, DZ 115 €, WLAN inklusive

Top-Lage

Gutenberg Karte 2, C/D 6

Im fünfstöckigen historischen Haus von 1745 nahe beim Münster gibt es Zimmer in unterschiedlichem Stil und Preis, die von klein und niedrig, aber hell unter dem Dachgebälk in der Mansarde bis zu größeren Zimmern mit modernem Design reichen. Pluspunkt des geschmackvoll ausgestatteten Mittelklassehotels ist die Lage mitten im Zentrum.

31, rue des Serruriers, T 03 88 32 17 15, www.hotel-gutenberg.com, Tram: Langstross/Grand'Rue, DZ ab 85 €

Stadthotel mit Stil

Hotel D C 5

Das 2014 eröffnete 4-Sterne-Hotel in einer Seitenstraße am Rande des Zentrums bietet 34 Zimmer in unterschiedlichen Preiskategorien an, Standard erschwinglich und klein, deluxe etwas größer und preislich wie der Name schon sagt. Das moderne Ambiente mischt modernes Design, ein ausgeklügeltes Farbkonzept, angenehmes Licht und stylishes Wohlfühlmobiliar. Wie in dieser Kategorie zu erwarten, ist das Personal professionell, hilfsbereit und freundlich.

15, rue du Fosse des Treize, T 03 88 15 13 67, www.hoteld.fr, Tram: Ancienne Synagogue/Les Halles, DZ 130–180 €, Wellnessbereich und WLAN inklusive

Christlich

Ciarus C/D 4

Viele Backpacker-Hostels und Jugendherbergen gibt es nicht in Straßburg – aber immerhin das Ciarus. Das christliche Gästehaus, ein riesiges, um einen Innenhof angeordnetes Gebäude, ist eine empfehlenswerte Alternative für schmale Geldbeutel oder Familien: Die 91 ansprechend und schlicht gestalteten 2- bis 6-Bett-Zimmer haben alle eigene Dusche/WC. Mit Cafeteria, Billard, Tischtennis und Tischkicker, WLAN in den Gemeinschaftsräumen sowie Schließfächern für Wertsachen.

7, rue Finkmatt, 15 Min. Fußweg vom Zentrum, T 03 88 15 27 88, www.ciarus.com, Bus 10: Place de Pierre, Übernachtung ab 27 €

Einfach und zentral

Le 21ième Karte 2, C 5

In einem Gebäude des 19. Jh. mitten im Zentrum gelegen, hat dieses Budget-Hotel eine pfiffige Idee: Auf allen Zimmern gibt's nicht nur WC/Dusche und Kabelfernsehen, sondern auch Computer mit Internetanschluss. Neben den 25 hellen, kleinen, aber recht netten Zimmern werden auch 7 Apartments und Studios mit Kitchenette in derselben Straße an Gäste vermietet, die etwas länger bleiben wollen.

21, rue du Fossé des Tanneurs, T 03 88 23 89 21, www.hotel21.fr, Tram: Langstross/Grand'Rue, DZ ab 75 €

Arty

Graffalgar B 5

Jedes der 38 Zimmer wurde von jungen Künstlern anders gestaltet – mit einfachsten Mitteln, Farbe und Fantasie. Von Pop Art über Graffiti wird Urban Design hier großgeschrieben. Das junge Boutique-Hotel liegt nahe am Hauptbahnhof, verleiht Räder und versteht die eigene Cafeteria auch als Ort der Begegnung mit Ausstellungen und Performances.

17, rue Déserte, T 03 88 24 98 40, www.graffalgar-hotel-strasbourg.com, Tram: Gare Centrale, DZ 100 €, WLAN inklusive

Zen im Fachwerkhaus

Chut Karte 2, C 6

Das Minihotel in einer ruhigen Ecke der Petite France vereint pure zeitgenössische Deko mit antiken elsässischen Möbeln vor weißer Wand. Ein Erlebnis für alle Sinne, auch den Gaumen (► S. 93). Zimmer Nr. 1 (im Erdgeschoss zwischen Küche und Rezeption) und Nr. 8 unterm Dach sind etwas preiswerter, die anderen sechs Zimmer verteilen sich über diverse Etagen in dem winzigen Fachwerkhaus.

4, rue du Bain aux Plantes, T 03 88 32 05 06, www.hote-strasbourg.fr, Tram: Langstross/Grand'Rue, DZ ab 150 €

Urbanes Flair

Hannong Karte 2, C 5/6

Flure und das originale Holztreppenhaus sind mit alten Gemälden, Barockschränken und Plakaten zu regionaler Kunst geschmückt, die Rezeption zeigt Hannong-Fayencen, denn früher stand hier die berühmte Hannong-Fayence-Manufaktur. Überall in diesem Haus von 1920 liegt noch der originale Parkettboden, die Standard-Zimmer sind relativ klein, aber elegant-modern eingerichtet, die größeren Zimmer deutlich teurer. Ein 4-Sterne-Haus mit Charme, Flair und einer stilvollen Weinbar (► S. 105).

15, rue du 22 Novembre, T 03 88 32 16 22, www.hotel-hannong.com, Tram: Homme de Fer, DZ ab 90 €

Unter alten Fachwerkbalken

Hôtel de l'Europe Karte 2, C 6

Sehr harmonische, komfortable und individuell eingerichtete Zimmer mit Parkettboden, teilweise noch mit den effektvoll herausgearbeiteten Holzbalken

Etwas Farbe und gute Ideen: Zimmer im Hotel Graffalgar

MIT BLICK AUF DIE KATHEDRALE

Suisse Strasbourg Karte 2, D 6
Diese freundliche Herberge ist seit über 100 Jahren in Familienbesitz. Die Zimmer sind ansprechend schlicht, am besten sind diejenigen unterm Dach. Zimmer Nr. 10 hat ein Riesenbad. Aus den oberen Fenstern schaut man gleichsam von hinten auf die Fassade der Kathedrale – nicht ganz so spektakulär wie der Blick von vorn. Das Frühstücksbuffet mit gutem Käse und Kuchen wird in der gemütlichen holzgetäfelten Stube serviert.

2–4, rue de la Râpe, T 03 88 35 22 11, www.hotel-suisse.com, Tram: Langstross/Grand'Rue, DZ ab 90 €

Hotel Cathédrale Karte 2, D 6
Mit Blick auf die Kathedrale wohnt man im Hotel Cathédrale. Allerdings kostet die Übernachtung mit ›vue de la cathédrale‹ deutlich mehr als andere Zimmer im selben Hotel. Die Preise gelten für ein Doppelzimmer ohne Frühstück, Einzelzimmer sind meist nur unwesentlich oder gar nicht günstiger. Die meisten Hotels bieten verschieden große und luxuriöse Zimmer zu teils enorm auseinanderdriftenden Preisen an. Wer die günstigen bekommen will, muss frühzeitig reservieren.

12–13, pl. de la Cathédrale, T 03 88 22 12 12, www.hotel-cathedrale.fr

des Fachwerkhauses aus dem 17. Jh. Viele geschmackvolle historische Zitate wie das Kathedralmodell im Foyer und das elsässische Frühstücksbuffet runden das Ambiente ab. Das Best Western-Hotel liegt unweit der Place Kléber. Wer mag, probiert zur täglichen Happytime (18–20 Uhr) einen elsässischen Wein zum Guglhupf.

38–40, rue du Fossée des Tanneurs, T 03 88 32 17 88, http://de.hotel-europe.com, Tram: Langstross/Grand'Rue, DZ Standard ab 80 €, DZ superior ab 100 €, WLAN inklusive

Puristisch und ruhig
Hôtel du Dragon C 6
Zwei Häuser aus dem 17. Jh. gruppieren sich um einen Innenhof. Die zeitgenössischen Zimmer sind in zurückhaltenden Weiß-Grau-Tönen gehalten, ergänzt wird dies von puristisch edlem Design. Das freundlich und aufmerksam geführte 3-Sterne-Hotel liegt recht ruhig etwas zurückversetzt vom Ill-Ufer in Finkwiller.

2, rue de l'Ecarlate, T 03 88 35 79 80, www.dragon.fr, Tram: Porte de l'Hôpital, DZ je nach Größe 90–120 €

Im Grünen
Du Côté de Chez Anne H 3
Es muss nicht im Zentrum sein, wenn die Unterkunft Charme und Flair hat? In dem Gästehaus Du Côté de Chez Anne residieren Straßburg-Besucher in einer schönen Fachwerkvilla mit parkartigem Garten. Jedes der fünf Zimmer ist anders gestaltet, manche rustikal unter Holzbalkendecken, andere blumig, elegant oder glamourös – aber alle im unnachahmlichen französischen Einrichtungsstil. Mit Table d'hôte (nach Reservierung), im Sommer auch auf der Terrasse im Grünen.

4, rue de la Carpe Haute, T 03 88 41 80 77, http://maison-hote-strasbourg.com, DZ ab 135 €

Budget im Schloss
Château de Pourtalès K 1
Im Schloss übernachten zu Budgetpreisen? Im Chateau de Pourtalès ist das kein Problem, denn die ganz einfachen der 28 Zimmer sind recht günstig, zumal sie auch nur über Etagenduschen verfügen. Wer lieber ein bisschen mehr Komfort will, bucht die bereits renovierten und etwas teureren Hotelzimmer.

161, rue de Mélanie, T 03 88 45 84 64, www.chateau-pourtales.eu, Tram: Observatoire, dann Bus 15 bis Lamproie, DZ ab 65 € (mit Etagendusche) bzw. ab 110 €

Aufgetischt

... wird im ›Schlaraffenland Elsass‹ vor allem Fleisch. Baeckeoffe, Waedele (Eisbein), Schlachteplatte, Presskopf, Winzerpastete und Maennerstolz (eine Räucherwurst) – was für Franzosen exotische germanische Speisen sind und deutsche Besucher an die Küche ihrer Großmütter erinnert, ist vor allem eines: deftig.

Typisch für Straßburg (und das übrige Elsass) sind die Winstubs. Dort pflegt man die traditionelle Kost erstaunlich beharrlich: In rustikalem Ambiente mit viel Holz und elsässischer Folklore-Deko kommt in der Regel Bodenständiges in üppigen Portionen aufs rotkarierte Tischtuch. Die Winstubspeise schlechthin ist Sauerkraut (*choucroute*), das traditionell mit Räucherfleisch und Knacks (Würstchen) serviert wird. Es kommt aber auch mit Fisch oder Ente daher. Das elsässische ›Nationalgericht‹ ist Baeckeoffe, einst ein Arme-Leute-Essen, in das am Sonntagabend die Fleischreste kamen, um am Montag im Ofen des Bäckers auf kleiner Flamme, dafür aber lange vor sich hin zu garen.

Wer mal keinen Appetit auf Schwein und Sauerkraut hat, im Sommer etwas Leichteres bevorzugt und nicht gerade in den Gourmethimmel der Spitzenküche strebt, kann auf Flamm- und Zwiebelkuchen, Bibeleskäs (Quark) zu Bratkartoffeln, Kaesknepfle, Grumbeerekiechle (Kartoffelpuffer) mit Lachs, Crêpes und Tartines ausweichen.

Flammkuchen – am besten mit Freunden teilen

ZUM SELBST ENTDECKEN

Das **Viertel um die Kathedrale** (Rue du Maroquin, Place du Marché aux Cochons de Lait) und das **Gerberviertel Petite France** sind ein fruchtbarer Boden für relativ touristische Winstubs. Nicht immer, aber immer öfter gilt hier: Je hübscher die Fassade, desto mittelmäßiger das Essen.

In den Gassen um die **Rue des Tonneliers, Rue de l'Ecurie, Rue de l'Epine** findet man eine Konzentration sowohl traditioneller als auch zeitgeistiger Restos.

Weitere Lokale und Imbisse, im Sommer auch mit Tischen auf der Straße, säumen die **Grand'Rue** und den **Place St-Etienne.**

Mehrere Restaurants und Winstubs finden sich sowohl am **Quai des Bateliers** (► S. 41) als auch in den Vierteln **Krutenau** und **Finkwiller** (► S. 45).

SO BEGINNT EIN GUTER TAG IN STRASSBURG

Für Schokofans

Christian Karte 2, D 6 und D 5

Einer der besten Chocolatiers-Pâtissiers der Stadt: Vor über 40 Jahren von Christian Meyer gegründet stellt inzwischen sein Sohn Christophe cremiges Eis und fruchtige Sorbets, Schokolade und Pralinen, luftig-leichte Macarons, zarte Petit fours und wahre Torten-Kunstwerke her – alles mit höchstem Qualitätsanspruch. Im hinter dem Laden versteckten Salon de thé im verschachtelten Renaissancehaus gibt es zur Mittagseinkehr auch eine kleine Bistrotkarte. Neben dem Laden in der auf die Kathedrale zuführenden Rue Mercière befindet sich ein weiteres Geschäft in der Rue de l'Outre.

10, rue Mercière, T 03 88 22 12 70, www.christian.fr, Tram: Langstross/Grand'Rue, Mo–Sa 7.30–18.30 Uhr

Den Kalorienzählern keine Chance!

Koenig Karte 2, C 6

Brotspezialiäten, Fettgebackenes, kleine Pizzen, Früchte-Tartelettes und die verschiedensten süßen und salzigen Kougelhopfvarianten verkauft und serviert dieser Familienbetrieb in der siebten Generation; mittags gibt es im Café Nana genannten Tearoom hinter dem Ladenlokal auch kleine Speisen.

10, rue des Francs Bourgeois, T 03 88 32 28 36, www.patisserie-koenig.com, Tram: Langstross/Grand'Rue, Di–Fr 7.30–19, Sa 8.30–19 Uhr

Brunch im Käseladen

L'Epicier Grand Cru Karte 2, C 6

Jeden Tag bis 14 Uhr gibt es in dem kleinen Feinkostladen einen Brunch mit Käse, Wurst-Aufschnitt, Pata-Negra-Schinken und Foie Gras.

64, Grand'Rue, T 09 83 68 98 69, www.lepiciergrandcru.com, Tram: Langstross/Grand'Rue, Di–Do 11–15, 16–22, Fr 11–23, Sa 10–23, So 11–20 Uhr, Juli, Aug., Dez. auch Mo geöffnet, Brunch im Dez. nur mit Vorbestellung

WO ESSEN AUF NACHHALTIGKEIT TRIFFT

Bio für Vegetarier und Fischliebhaber

Une Fleur des Champs Karte 2, D 5

Naturholz, Schiefertafeln und ein angeschlossener Bio-Laden zeigen, dass das 1FDC es ernst meint mit nachhaltiger Ernährung. Die Karte ist nicht strikt vegetarisch, da es auch Fisch gibt, so z. B. Salate mit Lachs oder Jakobsmuscheln; Vegetarier und auch Veganer freuen sich über Lasagne mit Seitan, Cassoulet mit Tofu-Würstchen und Seitan-Burger.

4, rue des Charpentiers, T 03 90 23 60 60, http://unefleurdeschamps.fr, Tram: Broglie, Di–Sa 12–14, 19–22 Uhr, Hauptgericht 15–18 €

Lustvolle Veggie-Küche

Poêles de Carottes Karte 2, C 6

Bio-Produkte, wo irgend möglich, verarbeitet die Küche dieses farbenfrohen, alternativen Restaurants zu üppigen Portionen von Pizza, Nudeln und einem täglich wechselnden vegetarischen Menü, beispielsweise mit Blumenkohl-Sellerie-Suppe, Erbsenrisotto mit Mascarpone und Erdbeer-Tiramisu. Im Sommer kann man auch draußen sitzen.

2, place des Meuniers, T 03 88 32 33 23, http://poelesdecarottes.com, Tram: Langstross/Grand'Rue, Di–Sa 12–14, 19–22.30 Uhr, Mittagsmenü 12,50 €

Fast & Good

Pur etc. Karte 2, C 6

Zu jeder Tageszeit werden in dem Mini-Bistro frische Speisen mit Obst und Gemüse aus der Region angeboten, vorzugsweise in Bio-Qualität. An der mit Tafelfarbe bemalten Wand sind die Bauern und Produzenten aufgelistet, von denen die Zutaten direkt bezogen werden, und ihre Entfernung zum Lokal. Auf gesundes Essen (mit Bewusstsein für Tiere und Umwelt) und kurze Wege wird hier viel Wert gelegt, zudem gibt es auch vegetarische Köstlichkeiten.

F
FLAMME

Der preiswerte **Flammekueche** (*tarte flambée*) – hauchdünner, im superheißen Steinbackofen kurz gebackener Brotteig mit einem Belag aus Crème fraîche, Speckstreifen und Zwiebeln – steht in vielen Lokalen auf der Karte. Er kommt auf dem Holzbrett mit einem Messer für den ganzen Tisch, man isst mit den Fingern. Eine Variante wird mit Käse, etwa dem würzigen Munster, überbacken (*gratinée*).

Serviert wird in kleinen Portionen im Weckglas, außerdem Muffins, Quiches, Crumbles und Smoothies. Neben der Filiale an der Place Saint-Etienne sowie einer weiteren an der Mediathek am Bassin d'Austerlitz wird auch ein Foodtruck auf die Reise geschickt.
122, Grand'Rue, T 09 83 78 38 79, www.pur-etc.fr, Tram: Langstross/Grand'Rue, Mo–Fr 11.30–20.30 Uhr (im Sommer bis 21 Uhr), So 11–18 Uhr, Menü 10 €

INSTITUTIONEN UND SZENETREFFS

Angesagt

Brasserie Les Haras C 6
Pferde stehen nicht mehr im denkmalgeschützten Gestüt beim großen Krankenhauskomplex in der Krutenau, aber in der gestylten und angesagten Brasserie zitieren kleine Anspielungen die Tradition – so heißen die Besitzer auf der Website Amazonen und Kavaliere willkommen, als Deko-Material haben sie zum Teil Sattelleder verwendet. Für das zeitgenössische und hyperelegante Design haben sich die bekannten französischen Innenarchitekten Patrick Jouin und Sanjit Manku ins Zeug gelegt. 2005 zogen die Pferde des Haras national de Strasbourg aus dem Mitte des 18. Jh. erbauten Komplex aus, der ab 2010 zum Luxushotel umgebaut wurde. Spitzenkoch Marc Haeberlin, der in der Auberge de l'Ill im elsässischen Illhäusern mit drei Sternen ausgezeichnet ist, steht zwar nicht selbst am Herd, hat aber das kulinarische Konzept entwickelt. An der Bar im Erdgeschoss unter der geschwungenen Freitreppe reicht man neben Wein und Cocktails auch Tapas (19–22 Uhr). Für das Restaurant im Obergeschoss unter dem mächtigen Dachgebälk hebt das Küchenteam Brasseriegerichte auf Gourmetniveau.
23, rue des Glacières, T 03 88 24 00 00, www.les-haras-brasserie.com, Tram: Porte de l'Hôpital, Restaurant tgl. 12–14, 19–22 Uhr, Mittagsmenü 31 € werktags, 36 € am Wochenende, Hauptgerichte 22–29 €, Bar tgl. 19–24 Uhr

Eine Klasse für sich

Bistrot du Boulanger E 6
Der ehemalige Manager eines Luxusunternehmens hat vor mehr als zehn Jahren in der Krutenau eine der besten Bäckereien Straßbourgs eröffnet. Gegenüber seiner Holzofenbäckerei macht inzwischen auch ein feines Bistrot dem hervorragenden Ruf alle Ehre. Das täglich wechselnde günstige Mittagsmenü ist überaus gefragt; abends und beim üppigen Sonntagsbrunch geht es etwas formeller zu. Mit viel Sorgfalt wurden die schönen Räume in einem Eckhaus zum schicken Lokal gestylt, das so auch in Paris als Bistroklassiker Beifall fände.
42, rue de Zurich, T 03 88 37 95 95, www.aupaindemongrandpere.com/le-bistrot-du-boulanger, Tram: Gallia, Mo–Sa 12–14, 19.30–22 Uhr, Mittagsmenü 15 €, Hauptgerichte ca. 20–24 €

Frische Marktküche

La Table de Christophe Karte 2, D 5
Im holzvertäfelten Restaurant stehen Tagesangebote je nach Marktlage auf den schwarzen Tafeln an der Wand – hier wird raffiniert aufgetischt, was gerade Saison hat. Mittags ist jeweils ein günstiges Tagesgericht im Angebot, für Vegetarier stehen Pasta oder Risotto zur Wahl. Ansonsten halten sich ›Terre et Mer‹ auf der Karte die Waage, also die

nach allen Regeln der Kochkunst frisch zubereiteten, abwechslungsreichen Hauptgerichte mit Fleisch oder Fisch wie Entenbrust mit Rhabarber-Honigsauce und glasierten Mairübchen oder Kabeljau mit Lauch und Topinambur.
28, rue des Juifs, T 03 88 24 63 27, www.tabledechristophe.com, Tram: Broglie, Mo 12–14, Di–Do 12–14 und 19–21.45, Fr/Sa 12–14, 19–22.15 Uhr, Tagesgericht mittags 11,50 €, Menü 31 €, à la carte ca. 40 €

Intime Atmosphäre
Restaurant La Chut Karte 2, C 6
Im stimmungsvollen Gerberviertel serviert das abseits allen Rummels nahe der Ill gelegene Hotelrestaurant Chut zeitgenössisch interpretierte Regionalküche, vom Forellenfilet mit Kräuterkruste bis zur Tarte au Citron, frisch zubereitet. Im Sommer ist der winzige Innenhof eine Oase der Ruhe; auch drinnen in dem stilvoll renovierten kleinen Fachwerkbau gibt es nur einige wenige Tische.
4, rue du Bain aux Plantes, T 03 88 32 05 06, www.hote-strasbourg.fr, Tram: Alt Winmärik, Di–Sa 12–14, 19–23 Uhr, mittags 18 €, abends à la carte ca. 40 €

Tartines-Kult
L'Epicerie Karte 2, C 6
Zwischen ausgesucht altertümlicher Einrichtung im Stil eines Kaufmannsladens der 1930er-Jahre trifft sich die Straßburger Jugend in dem kleinen, überaus kommunikativen Raum irgendwo zwischen Restaurant und Café. Es

Im Trend: regionale Zutaten für frische und saisonale Gerichte wie im Pur etc.

Machen glücklich – üppig belegte Tartines

gibt Suppen, Salate und eine große Auswahl an Tartines, beispielsweise mit Pflaumen und Blauschimmelkäse, mit Salat und Rillettes oder mit Quark und Speck. Die Übersetzung ›(heiße) Stulle‹ für Tartine wird der kleinen Köstlichkeit nur annähernd gerecht – tolle kleine belegte Brote sind gerade wieder angesagt, selbst der New Yorker titelte unlängst »The Trend is Toast«. Passend zum stylishen Interieur laufen im Hintergrund Akkordeonmusik, Chansons und Musettewalzer.

6, rue du vieux Seigle, T 03 88 32 52 41, www.lepicerie-strasbourg.com, Tram: Langstross/Grand'Rue, tgl. 11.30–1.30 Uhr, Tartine 5 €

Große Bretter nicht nur für Studenten

Flam's Karte 2, D 5

In leuchtend rot-gelbem, modernem Ambiente kommen bei diesem freundlichen kleinen Kettenrestaurant große Bretter mit Flammkuchen auf den Tisch: überbacken, mit Ziegenkäse und Honig, mit Hackfleisch oder Pilzen, baskisch, norwegisch oder spanisch.

29, rue des Frères, T 03 88 36 36 90, www.flams.fr, Tram: Broglie, tgl. 11.30–24 Uhr, Flammkuchen ab 5,60 €, Flam und Vor- oder Nachspeise 14,90 €, das Kindermenü mit Dessert und Getränk gibt's bis 8 (3,95 €) bzw. bis 12 Jahre (7,10 €)

EXPERIMENTIERFREUDIG UND UNGEWÖHNLICH

Lässig und cool

La Hache Karte 2, D 6

Endlich gibt es in Straßburg nicht mehr nur traditionelle Winstubs, sondern auch moderne Weinbars für Hipster und urbane Kosmopoliten. Das junge Team will einfach mal etwas anderes anbieten als sonst im Elsass üblich. La Hache, das Hackebeilchen, hält bewusst das Angebot elsässischer Weine in Grenzen, stattdessen finden sich die Weine anderer französischer Regionen wie Loire und Burgund unter den rund 60 Positionen. Die Küche ist auch auf den späten Hunger noch eingestellt – bis Mitternacht kann geordert werden. Neben Fisch- und Fleischgerichten, französischer Bistrotküche und international Beliebtem wie Rindfleischtatar und Bacon-Cheese-Burger steht auch Vegetarisches auf der Karte, etwa Zucchini-Linsensalat mit Joghurt-Minzsauce oder Spinat-Ricotta-Cannelloni. Auch das Design ist elegant und trendy – petrolfarbene Wandvertäfelung, braune Lederstühle, unter der Decke stapelt sich weißes Geschirr und schaukeln Fleischerbeilchen.

11, rue de la Douane, T 03 88 32 34 32, www.la-hache.com, Tram: Langstross/Grand'Rue, tgl. 12–1.30 Uhr, Mittagsmenü 22 €, abends Hauptgerichte 15–30 €

Lecker to go!

Secrets de Table Karte 2, C 6

Jean, der Bruder des Sternekochs Eric Westermann vom Buerehiesel, bietet in seinem minimalistischen kleinen Schnellrestaurant Suppen, Salate, überbackene Brote, gefüllte Baguettes und Nachtisch aus frischen Qualitätsprodukten. Zeitgenössische Rezepte wie Karotten-Koriander-Honig-Suppe oder Baguette mit Thunfisch und Salat. Die wenigen Stehtische füllen sich stetig nach dem Bäumchen-wechsel-dich-Prinzip.

39, rue du 22 Novembre, T 03 88 21 09 10, www.secrets-de-table.fr, Tram: Homme de Fer, Mo–Sa 8.30–18 Uhr, Sandwiches ab ca. 4 €

Gewagte Kräuterkreationen

Le Petit Ours Karte 2, D 6

Die namengebenden Bärchen in Plüsch, dazu eine helle Holzvertäfelung, Korbstühle und viel bunte Kunst – fertig ist die moderne, freundliche Deko. Die Küchenphilosophie dreht sich um Kräuter- und Gewürzthemen mit teils gewagten Kombinationen: Zanderfilet mit Vanille-Sahne-Sauce, honiglackierte Entenbrust mit Gewürzbrot, Ceviche von der Lachsforelle, Dorade mit Koriander. Im Keller sitzt man unter einer alten Gewölbedecke.

3, rue de l'Ecurie, T 03 88 32 13 21, www.resto-petitours.com, Tram: Langstross/ Grand'Rue, tgl. 12–14, 19–22.30, Fr/Sa bis 23 Uhr, Formule Midi 11,90 €, 3-Gang-Menü 34 €

Elsass-Asien-Connection

Umami Karte 2, C 6

Die sieben Tische im modernen, mit dezenten japanischen Zitaten geschmückten kleinen Raum sind jeden Abend ausgebucht. In entspannter Atmosphäre, im Hintergrund das beruhigende Brutzeln aus der kleinen Küche, reicht der weitgereiste Starkoch René Fieger, vom Michelin mit einem Stern bedacht, seiner Frau die Teller durch eine Anrichte. Die Speisekarte umfasst nur drei Vorspeisen, etwa Jakobsmuschel-Carpaccio auf Kohl mit Wasabi, zwei Hauptgerichte, einmal Fisch, einmal Fleisch, beispielsweise Simmentaler Rind mit Schwarzen Bohnen und Polenta, und zwei Desserts. Die ausgesuchten offenen Weine sind wie das Menü auf diesem kulinarischen Niveau ein wahres Schnäppchen. Umami ist japanisch und bedeutet ›schmackhaft‹. Dem ist nichts hinzuzufügen.

8, rue des Dentelles, T 03 88 32 80 53, www.restaurant-umami.com, Tram: Langstross/ Grand'Rue, Sa/So 12–13.15, Mo/Di, Fr/Sa/So 19.30–21.30 Uhr, 3-Gang-Menü 50 €, Degustationsmenü 72 €, mit Weinbegleitung 97 €

Für Carnivoren

Pierre Bois et Feu Karte 2, D 6

Fleisch als Vorspeise, Fleisch als Hauptgericht – Fleisch vom Salers- oder Angus-Rind oder Geflügel in hoher Qualität stehen hier im Mittelpunkt. Spezialität von Renaud Schneider ist das Entrecôte au fer à repasser (Bügeleisen). Dafür wird das Steak mit schwerem gusseisernem Gerät am Tisch zubereitet. Zusätzlich setzt der Küchenchef aber auch immer Fisch und Gemüse aus der Region auf die saisonal wechselnde Karte.

6, rue du Bain aux Roses, T 03 88 36 25 59, www.restaurant-pierre-bois-et-feu.fr, Tram: Langstross/Grand'Rue, Mo 19–21, Mi 19–22.30, Di, Do–Sa 12–14.30, 19–22.30 Uhr, Menü mittags 44 €, abends à la carte ca. 60 €

Maritim

La Cambuse Karte 2, C 6

Ausschließlich köstlich zubereiteter Fisch und frische Meeresfrüchte kommen an acht begehrten Tischen auf den Teller; zu Krabben mit thailändischen Kräutern, Seeteufel mit Shiitakepilzen und Koriander, Steinbutt mit Tandoori-Gewürzen oder Thunfisch mit Satésauce munden die frischen Elsässer-Weine. Die Küche setzt auf leichte und präzise französische Kochkunst mit asiatischen Akzenten, das Interieur mit Holz und Messing mitten im Fachwerkviertel Petite France

M MENÜ

Straßburg ist ein recht teures Pflaster, wofür die EU-Parlamentarier samt Lobbytross und die Beliebtheit der Stadt bei Touristen aus aller Welt verantwortlich sind. In der Regel ist ein vom Küchenchef zusammengestelltes Menü günstiger, als à la carte zu essen. Während der Abend die Zeit für ein mehrgängiges Menü ist, teils mit jeweils passender Weinbegleitung, wird mittags fast überall eine zweigängige Formule zum festen Preis angeboten – man sucht sich Vorspeise (*entrée*) und Hauptgericht (*plat*) oder Hauptgericht und Dessert aus.

Das maritime Ambiente im La Cambuse passt perfekt zur Fisch- und Meeresfrüchteküche.

ist der Kajüte einer gepflegten und noblen Jacht nachempfunden. Seit fast drei Jahrzehnten sorgt das Ehepaar Lefèbre hier für eine entspannte Atmosphäre und zufriedene Gäste.
1, rue des Dentelles, T 03 88 22 10 22, Tram: Langstross/Grand'Rue, Di–Sa 12–14, 19.30–22 Uhr, à la carte 60 €

Multitalent für Gesellige

Vino Strada Stub Karte 2, D 5
Die Stub, Restaurant und Weinbistrot zugleich, ist nur eines von mehreren Lokalen der Inhaber, neben der Weinhandlung gegenüber gehört auch die Péniche Bacchus (► S. 43), ein zur Weinbar umfunktionierter Kahn, am Quai des Pêcheurs dazu. An langen, hohen Tischen mit Barhockern kann man inmitten der wandfüllenden Weinregale die täglich wechselnde Karte mit frischer, französisch-italienischer Marktküche studieren. Schnell ergeben sich gesellige Runden, wenn sich das Lokal mit Wohlfühl-Ambiente füllt – bewusst ist man vom Prinzip der Zweier-Tischchen, wie es sonst in Frankreich üblich ist, abgerückt. Weil die Weinbar mitten im Einkaufsviertel und unweit des Münsters liegt, treffen hier beim Glas Wein zum gebeizten Lachs, Spargel oder Risotto Geschäftsleute auf Touristen. Die Mischung aus italienischer Enoteca und elsässischem Wein-Knowhow kommt gut an.
8, rue du Temple Neuf, T 03 88 16 96 21, www.vinostrada.com, Tram: Homme de Fer, Di/Mi 11–15, Do–Sa 11–1 Uhr, à la carte 35 €

WINSTUBS

Rustikal light

Chez Yvonne (S'Burjerstuewel)
Karte 2, D 6
Mit holzvertäfelten Wänden und Balkendecken, Holzbänken, Wandteppichen, rot-weiß karierten Tischtüchern und Gardinen, alles verteilt auf zwei Stockwerke, ist das Lokal urgemütlich und eher stilvollendet-schick als rustikal – diese Winstub mit reizvoller Atmosphäre eignet sich sogar zum Ausführen von Staatsgästen wie Jelzin und Gorbatschow. Wegen der langen Öffnungszeiten ist das Lokal gerade auch bei Nachtschwärmern beliebt. Auf der Karte locken Spanferkel und Kalbskarree, Eisbein und Rinderfilet, alles fein zubereitet und nicht ganz so rustikal wie anderswo. Hübsche Variationen der regionalen Küche sind Crème Brûlée mit Gänseleber und Feigenbrot bei den

Vorspeisen und das Kougelhopf-Eis bei den Desserts.
10, rue du Sanglier, T 03 88 32 84 15, www.restaurant-chez-yvonne.net, Tram: Broglie, tgl. 12–14.15, 18–24 Uhr, Hauptgerichte 15–27 €

Tradition in Bestform

Fink'Stuebel Karte 2, C 6
Bemalte Holzpaneele an Wand und Decke, Fachwerkbalken und Wandbild ergeben eine gemütliche Winstubeinrichtung. Neben der üblichen Winstubkarte mit Hausmannskost und zuverlässigen Standards werden eine erstaunliche Auswahl verschiedener Foie gras sowie originelle Speisen wie Big Mac aus Lachs und Matjes angeboten. Kein Wunder, dass jeder Tisch besetzt ist.
26, rue Finkwiller, T 03 88 25 07 57, www.restaurant-finkstuebel.com, Tram: Langstross/Grand'Rue, Di–Sa 12–14, 19–22.30 Uhr, Hauptgerichte 16–29 €

Pfiffig und locker

Meiselocker Karte 2, D 5
Die junge Variante der Straßburger Winstubs passt gut in die studentisch geprägte Nachbarschaft und kommt ohne Folklore-Schnickschnack aus. Karierte Tischtücher und elsässische Regionalküche von Lewerknepfles bis Bibeleskäs gibt's auch hier, doch ansonsten ist die Einrichtung wohltuend zurückhaltend und alles andere als altbacken. Weine aus der Region bestellt man glasweise oder im Krug (*pichet*), im Kindermenü für kleine ›Meisen‹ stehen Knacks oder Hähnchenschnitzel zur Wahl. Meiselocker ist übrigens ein Junge, der mit seiner Flöte Vögel anlockt, um sie in einen Käfig zu stecken und auf dem Markt zu verkaufen, wie ihn das Denkmal auf der Place St-Etienne gleich nebenan darstellt.
39, rue des Frères, T 03 88 22 30 00, www.meiselocker.fr, Tram: Broglie, tgl. 11.30–15, 18–24 Uhr, Menüs 24,90/29,90 €

Typisch Elsass

Pfifferbriader Karte 2, D 6
Die letzte erhaltene der mittelalterlichen Verkaufsbuden um das alte Schlachthaus ist ein zweistöckiges Zwergenhaus mit Buntglasfenstern und rustikalem Interieur. Obwohl hier weniger Einheimische als Touristen reinschauen, sind die elsässischen Stammgerichte wie Choucroute und Baeckeoffe in gekonnter Manier zubereitet.
14, place du Marché aux Cochons de Lait, T 03 88 24 46 56, www.winstublepfiff.com, Tram: Porte de l'Hôpital, Mo–Fr 11.30– 14.30, Sa/So 11.30–15, Mo–Do, So 18.30–22.30, Fr/Sa 18.30–23 Uhr, Aug. geschl., Hauptgerichte 14–20 €

Wie aus dem Hansi-Bilderbuch

Zuem Strissel Karte 2, D 6
Unter dem Straußenzeichen ist durchgängig geöffnet, und man kann sich, auch das ist in den Straßburger Winstubs einzigartig, auch nur etwas zu trinken bestellen. Touristen und Stammgäste lassen sich die Standardgerichte – anständig, nicht mehr – zwischen bleiverglasten Fenstern mit Zunftwappen, klobig Geschnitztem und barocköser altersdunkler Holzvertäfelung schmecken. Die Traditionsweinstube wird eher wegen ihrem Ambiente und nicht wegen der Küche geliebt.
5, place de la Grande Boucherie, T 03 88 32 14 73, www.strissel.fr, Tram: Porte de l'Hôpital, tgl. 11.30–14.30, 19–23 Uhr, Hauptgerichte 16–26 €.

R
RUHETAGE

Essen gehen am Sonntag und Montag ist in Straßburg ein Wagnis, denn das sind die beliebtesten **Ruhetage** – an diesen beiden Tagen hat so ziemlich jedes Restaurant geschlossen. Ausnahmen sind die Winstubs **Tire-Bouchon, Zuem Strissel, Chez Yvonne** und **Ami Schutz** (► S. 57), außerdem das **Flam's, L'Epicerie, La Hache, Meiselocker, Petit Ours** und **Le Troquet des Kneckes** (► S. 107). Kernöffnungszeiten sind 12–14 und 18.30 (bei Winstubs) bzw. 19.30 (bei Restaurants) bis 22 Uhr.

Schöne Dinge

... und Läden gibt es in Straßburg mehr als in dieses Buch passen. Die Stadt ist ein Einkaufsparadies – auch für viele Tagesbesucher aus den angrenzenden deutschen Regionen. Das Preisniveau entspricht in etwa dem deutschen, nur dass die teuren Dinge vielleicht noch einen Tick teurer sind. Die Übersichtlichkeit, zahlreiche allein den Fußgängern vorbehaltene Bereiche und das enge Beieinander von Geschäften, Cafés und Restaurants tragen wesentlich zum entspannten Shoppen bei: Straßburg entschleunigt. Dicht an dicht finden Sie hier Prêt-a-Porter- und Luxus-Mode, Kulinaria und Deko.

In dem teils labyrinthischen Gewirr kleiner Gassen rund um das Münster reiht sich Geschäft an Geschäft, eine überzeugende Einladung zum mehr oder weniger ziellosen Schaufensterbummel. Die lange Einkaufsstraße Grand'Rue wird gesäumt von Imbissen, Restaurants und Geschäften, Geschäften, Geschäften: Schuhe, Kinderkleidung, Deko, Lebensmittel, Tee – perfekt für ein nicht zu teures, entspanntes Shoppen. Die Angebotspalette der bunten Einkaufswelt dort ist breit und reicht vom Discounter bis zum Friseur.

Beim Einkauf von Mode, Taschen, Schuhen, Parfüms, Beautyprodukten und Küchenequipment von französischen Labeln und Manufakturen kann man in Straßburg nicht unbedingt sparen, trifft aber auf ein hochwertiges Angebot – ob Laguiole-Messer, Staub-Bräter, feiner Kaschmirpulli oder Spitzenunterwäsche.

Weihnachts-Shopping in der City

ZUM SELBST ENTDECKEN

Das Einkaufsviertel nördlich der Kathedrale (📖 C/D 5/6) wird von den Geschäftsstraßen Rue des Hallebardes, Rue du Dôme, Rue de la Mésange/Rue de la Haute-Montée und Rue des Grandes Arcades gebildet. Dabei geht es um die Place Kléber mit den ubiquitären Labels von Benetton bis Zara etwas gewöhnlicher zu als in dem feineren Ladenbereich um Rue de l'Outre und Place du Temple Neuf.

Edelmarken wie Armani, Chanel, Hermès, Saint-Laurent oder Louis Vuitton gibt es in lockerer Konzentration an der Rue du Vieux Marché aux Poissons, der Rue du Temple Neuf und an der Rue de la Mésange.

Originellere Läden und kleinere französische Labels finden sich in der Rue des Juifs und – dort allerdings eher vereinzelt – an den Quais der Ill und in der Krutenau.

BÜCHER

Und was liest Du?

Librairie Kléber Karte 2, C 5/6

Ausgezeichnet sortierte Großbuchhandlung, gute Auswahl an Reiseliteratur und elsässischen Themen, berühmt für ihre regelmäßigen Autorenlesungen. Wer kein Französisch liest, wird zur Filiale in der Aubette geschickt, die Librairie du Monde Entier, die Bücher in der Originalsprache führt. Ganz der Kunst widmet sich die Museumsbuchhandlung im Musée d'Art Moderne et Contemporain.

1, rue des Francs Bourgeois/place Kléber, www.librairie-kleber.com, Tram: Homme de Fer, Mo–Sa 10–19 Uhr

DELIKATESSEN UND LEBENSMITTEL

Für Naschkatzen

Au Doux Pays de France Karte 2, D 5

Ein Puppenhaus der süßen Genüsse wie von einst, französische Kultur pur: Schokoladentrüffel mit Zimt oder Marc de Gewürztraminer, Pralinen und andere typisch französische Confiserie wie Nugat oder kandierte Früchte.

5, rue du Dôme, http://audouxpaysdefrance.chez-alice.fr, Tram: Broglie, Mo 14–18, Di–Fr 9–19, Sa 9–18 Uhr

Gänseleber und Gaumenfreuden

Boutique Edouard Artzner Karte 2, C 5

In den hellen Verkaufsraum kommen Kunden vor allem der Gänseleber in allen Varianten wegen. Daneben gibt es Feinkost vom Feinsten: Ein französischer Traiteur, der etwas auf sich hält, bereitet vieles davon selbst zu – vom Enten-Confit bis zum Gewürztraminer-Gelee. Im Obergeschoss kann man mittags auch essen, ein Angebot, das viele Hiesige annehmen.

7, rue de la Mésange, www.edouard-artzner.com, Tram: Homme de Fer, Mo 14–19, Di–Fr 9–19, Sa 8.30–18 Uhr, La Table d'Edouard Di–Sa 11.45–14.30 Uhr

Bredele und mehr

Biscuiterie du Dôme Karte 2, D 5

Lose, abgepackt in Tütchen oder schönen Blechdosen als Geschenk gibt's in der Manufaktur Kleingebäck wie Leckerli, Anis-Bredele, Brünsli, Zimtsterne, Nuss- und Kokosmakronen, Spekulatius, Spritz- und Sandgebäck, außerdem einige französische und elsässische Klassiker wie Macarons, Kougelhopf (auch als salzige Variante), Früchte- und Lebkuchen.

16, rue du Dôme, www.maison-alsacienne-biscuiterie.com, Tram: Broglie, Mo–Do, So 10–18, Fr/Sa 9–19 Uhr

Allererste Sahne

Thierry Mulhaupt Karte 2, D 6

Meisterkreationen aus bitterer, weißer und Milchschokolade, Blätterteigtörtchen, Kougelhopf, Gewürzbrot … Und andere süße Schweinereien, für die man gerne Schlange steht! Der Meisterpatissier führt einen zweiten, etwas größeren Laden in der Rue du Temple Neuf (► S. 33).

18, rue du Vieux Marché aux Poissons, www.mulhaupt.fr, Tram: Langstross/Grand'Rue, Di–Do 8.45–12.15, 13.30–18.30, Fr 8.30–12.15, 13.30–18.30, Sa 8.30–12.30, 13.30–18.30, So 8.30–12 Uhr

Aus Frankreichs Süden

Première Pression Provence Karte 2, D 6

Hochwertiges Olivenöl aus der Provence in Flaschen oder Dosen, Pesto, Tapenade, Balsamico-Essig.

1, rue du Miroir, Tram: Langstross/Grand'Rue, Di–Fr 10.15–12.30, 13.30–19, Sa 10.15–19 Uhr

Alles, was gut schmeckt

Traiteur Kirn Karte 2, C 5/6

Die Auslagen lassen einem das Wasser im Mund zusammenlaufen: Winzerpastete, Terrinen, Wurstwaren, Salate, Fisch und Fleisch sowie viele köstliche Gerichte, die zu Hause nur aufgewärmt werden müssen – man kann sie aber auch gleich im Restaurant in der ersten Etage verzehren.

19, rue du 22 Novembre, www.kirn-traiteur.fr, Tram: Homme de Fer, Mo 9–19, Di–Sa 8–19 Uhr

Backkunst vom Feinsten

Woerlé Karte 2, D 6

Manche Bäckereien verkaufen einfach nur Brot. Die Straßburger Bäcker zelebrieren die Brotkultur, Woerlé schon seit dem Jahr 1919. Berühmt sind seine abwechslungsreichen Holzofen- und Graubrote, die süßen oder salzigen Brezeln, Lebküchle, Bredele, die in den geschnitzten Springerle-Holzformen gebacken werden, und viele Kuchen (*tartes*) mit Zwetschgen, Blaubeeren, Äpfeln, Rhabarber oder Quitten.

10, rue de la Division Leclerc, www.boulangeriewoerle.fr, Tram: Langstross/ Grand'Rue, Mo–Sa 9–17 Uhr

FLOH- UND WOCHENMÄRKTE

Bunter Budenzauber

Boulevard de la Marne F/G 5

Der größte Wochenmarkt Straßburgs bietet Feinschmeckerstände und mehr – eine reiche Auswahl an Fisch, Käse, Honig, Gemüse, Blumen, Fleisch, Charcuterie namhafter elsässischer Produzenten, dazu exotische Genüsse sowie Kleidung und Haushaltswaren.

Tram: Observatoire, Di, Sa 7–13 Uhr

Bauernmarkt

Marché des producteurs Karte 2, D 6

Wer am liebsten regionale Ware kauft, wird auf dem kleinen Erzeugermarkt fündig. Honig, Käse, Obst, Fleischwaren, meist aus biologischem Anbau und direkt vom Bauernhof, mit etwas alternativem Flair. Nur wenige Stände versammeln sich vor dem Gebäude der Ancienne Douane.

Rue de la Douane, Tram: Porte de l'Hôpital, Sa 7–13 Uhr

Vintage-Shopping

Marché à la brocante Karte 2, D 6

Zahlreiche Trödelhändler aus der gesamten Region bieten auf dem Flohmarkt Möbel, Kleidung, Glas, Bücher, Schmuck und Bilder zum Verkauf an.

Rue du Vieil Hôpital/Place de la Grande Boucherie, Tram: Langstross/Grand'Rue, Mi, Sa 7–16 Uhr

> H
> HMMM
>
> Auch zu Hause noch in köstlichen Aromen schwelgen? Schöne kulinarische Mitbringsel sind Lebkuchen und fruchtige Konfitüren, Biowein und Käse, Kougelhopf und andere Backwaren, Pralinen und Schokolade, Fleur de Sel, Senf und Olivenöl.

GESCHENKE, DESIGN, KURIOSES

Für Sachensucher

Antiquités Richard Karte 2, D 6

Hier findet man ein museumsgleich anmutendes Sammelsurium käuflicher Altertümer: alte Schokoladenformen, aufgespießte Käfer und in Formalin eingelegte Kaulquappen aus botanischen Sammlungen, ausgestopfte Krokodile und Lingams, die wissbegierige Forscher des 19. Jh. einst aus fernen Ländern mitbrachten, Leuchter, Barockmöbel, Puppen und viele weitere Neugier weckende Kuriositäten und Einzelstücke.

1, Quai au Sable, Tram: Langstross/Grand'Rue, Di–Sa 9–12, 14–18.30 Uhr

Elsässer Kunsthandwerk

Art Collections d'Alsace Karte 2, D 6

Von Kunsthandwerkern hergestellte bemalte Holzhocker und geschnitzte Bauernstühle aus Buche, Keramik, Tischdecken aus dem traditionellen Kelsch-Leinen, Kissen, Glasmalerei, mal traditionell, mal in einer moderneren Linie.

4, place du Marché aux Poisson, www.arts-collections-alsace.com, Tram: Porte de l'Hôpital, Di–Fr 10–12, 14–19, Sa 10–12, 14–18 Uhr

Spielzeugparadies

Le Bilboquet Karte 2, C/D 6

Das Spielzeug hier, qualitativ hochwertig und viel aus Holz, ist nicht so exzessiv

Törtchen, Törtchen – die Kunst französischer Patissiers, süße Kunstwerke zu schaffen, ist legendär.

pädagogisch wertvoll, dass Kinder es langweilig fänden. Es gibt Mobilés und Plüschtiere, Burgen und Puppenküchen, Schaukelpferde, Gesellschaftsspiele und, ja, auch Plastikfigürchen.

1, rue de la Lanterne, www.lebilboquet.fr, Tram: Langstross/Grand'Rue, Mo 14–18.45, Mo–Do 10–12.45, 14–18.45, Fr/Sa 10–18.45 Uhr

Brezeln für Superhelden

Bretzel Airlines Karte 2, D 5

Auf den bedruckten T-Shirts und Umhängetaschen wird das Laugengebäck zum Logo für Überflieger verfremdet. Elsässische Designer haben die ironische Heimatliebe zwar nicht entdeckt, aber kreativ weiterentwickelt: Sylvain und Gaston Kopferschmitt nutzen ihre Marke als Spielfeld für originelle Artikel mit Humor oder Hintersinn – ohne Berührungsängste zum Kitsch. Und offensichtlich kommt auch dieser Souvenirshop nicht ohne Kaffeebecher und Kühlschrankmagnete aus.

2, rue du Parchemin, www.bretzelairlines.com, Tram: Broglie, Di–Sa 10–12.30, 13.30–19 Uhr

Cooles Design

Galerie Fou du Roi Karte 2, D 5

Das Einrichtungshaus führt als Galerie für Wohnkultur und ›Schöner Wohnen‹ nicht nur ausgefallene Lampen und moderne Designer-Möbel, sondern auch bezahlbare Accessoires – auf Messen entdeckt und mit einem guten Gespür für das Besondere ausgesucht. Mal kann das ein ganz besonderes Besteck sein, originelle Cognacschwenker oder Vasen, Wandhaken mit Stil oder überdimensionierte Porzellanlöffel.

4, rue du Faisan, www.fouduroi.eu, Tram: Broglie, Mo–Fr 13–19, Sa 10–19 Uhr

Schönes fürs Zuhause

Mémé en Autriche Karte 2, D 6

Der Name gibt die Richtung vor: ›Oma in Österreich‹ würde sich vielleicht wundern, aber Retro-Objekte spielen hier eine große Rolle – von Glühbirnen bis zum Seifenspender. Alt oder gebraucht ist hier aber nichts, die Dekoartikel und Wohnaccessoires wie Schalen, Holzbretter, Blechdosen oder Buchstaben sind neu und bewusst auf

Vintage gestylt. Im zweiten Laden findet man ausgewählte Papeterie und viel wunderbaren Krimskrams vom Masking Tape bis zu Etiketten.
7 und 11, rue des Bouchers, www.memeenautriche.com, Tram: Porte de l'Hôpital, Mo 14–19, Di–Do 10–12.15, 14–19, Fr/Sa 10–19 Uhr

Handarbeit aus Ton
Poterie d'Alsace Karte 2, D 6
Seit 1860 bietet dieses Geschäft Baeckeoffe-Kasserolen und Kougelhopfformen, Krüge, Vasen und Schalen an. Die bunt glasierten und bemalten elsässischen Tonwaren aus Betschdorf und Soufflenheim gibt es authentisch und traditionell oder in etwas modernerer Formgebung.
3, rue des Frères, www.poterie-alsace-strasbourg.eu, Tram: Broglie, Mo 14–19, Di–Sa 10–19 Uhr

Sammelsurium
Tadzio Karte 2, D 5
Wer den Laden oben betritt, in dem Mode dominiert, sieht erst auf den zweiten Blick, dass sich darunter Ali Babas Höhle befindet – die beiden Kellerräume quellen fast über: Plastik trifft auf Shabby Chic, Küchenutensilien auf Duschgel, Lampen auf Spielzeug, Lustiges auf Peinliches, Nützliches auf Überflüssiges – aber die Geschmäcker sind ja verschieden. Ein schönes Geschenk könnte durchaus dabei sein ...
13, rue des Juifs, www.tadzio.fr, Tram: Broglie, Di–Do 10–12, 14–19, Fr/Sa 10–19 Uhr

S
SCHLUSS

Alles muss raus: Im Januar und im Juli verwandeln sich Boutiquen, Kaufhäuser und Fachgeschäfte in Wühltische – bei den *soldes,* also beim Winter- und beim Sommerschlussverkauf, gibt es kräftige Rabatte. In einem Zeitraum von sechs Wochen wird gleich mehrmals reduziert – übrigens nicht nur Mode, sondern auch Tisch- und Bettwäsche, Geschirr und andere Waren. In den ersten Wochen gewähren die Geschäfte Nachlässe von 30–50 %. Wird die *deuxième marque* ausgerufen, können teilweise Waren mit 75 oder bis zu 90 % Rabatt erworben werden.

MODE UND ACCESSOIRES

Pretty in Pink
Antoine et Lili Karte 2, D 5
Kunterbuntes für Frauen und Kinder in einem kunterbunten Laden mit pinkfarbenen Regalen. Kleider, Röcke, Blusen und Hosen sind vorzugsweise mit Mustern bedruckt, von kleinen Blümchen über große Karos bis zu psychedelisch wirkender Pop Art und afrikanischen Prints.
20, rue des Juifs, www.antoineetlili.com, Tram: Broglie, Mo 14–19, Di–Sa 10.30–19.30 Uhr

Schnupperkurs
L'Artisan Parfumeur Karte 2, C/D 5
Dieser Laden punktet bei Frauen – neben exquisiten Parfüms gibt es aparten, auf Alt getrimmten Glitzerschmuck.
3, rue de l'Outre, Tram: Homme de Fer, Mo 14–19, Di–Sa 10–19 Uhr

Welche Farbe darf es sein?
Bensimon Karte 2, D 5
Französische VIPs wie Sophie Marceau machten den bunten Turnschuh im Tennis-Look zum Trendtreter. In einer großen Farb- und Musterpalette sind sie der Renner von Bensimon. Dazu gibt's Mode für jeden Tag, bunte Umhängetaschen, Börsen und Rucksäcke.
10, rue des Juifs, www.bensimon.com, Tram: Broglie, Mo 14–19, Di, Do–Sa 10–19, Mi 10–12.30, 13.30–19 Uhr

Kaschmir vom Feinsten
Eric Bompard Karte 2, D 5
Die große Boutique direkt gegenüber vom Temple Neuf, in einem Eckhaus der Rue des Orfèvres, führt eine große Aus-

wahl an Strick mit feinen Details und in umfangreicher Farbpalette – Pullover, Cardigans, Westen und Hoodies für Herren und Damen, für Letztere auch Strickröcke und -kleider. Die französische Modemarke Eric Bompard hat sich auf Kaschmir spezialisiert und fertigt aus dieser hochwertigen Wolle edle und haltbare Teile. Für feinen Sommerstrick werden auch Naturfasern wie Seide und Baumwolle zugemischt.

1, rue des Orfèvres, www.eric-bompard.com, Tram: Langstross/Grand'Rue oder Broglie, Mo–Sa 10.30–19 Uhr

Große Marken

Cesaria Karte 2, D 6

Die stylische Boutique an der Ecke von Rue Ste-Madeleine und Quai des Bateliers führt Kleidung, Taschen und Schuhe für Frauen, etwa der Marken Plein Sud und See by Chloé sowie italienische Labels.

2, rue Ste-Madeleine, Tram: Porte de l'Hôpital, Mo 14.30–19, Di–Sa 10–12, 14–19 Uhr

Bunte Drucke

Chacok Karte 2, D 6

Ausgefallene farbenfrohe oder grafisch gemusterte Prêt-à-porter-Mode einer französischen Modedesignerin, die in den 1970er-Jahren mit einem kleinen Atelier an der Côte d'Azur begonnen hat und heute, vier Jahrzehnte später, mit Boutiquen in vielen Städten Frankreichs vertreten ist. Mit ihren Outfits ist man auch auf der Strandpromenade von Nizza oder Cannes passend angezogen.

22, quai St-Nicolas, www.chacok.com, Tram: Porte de l'Hôpital, Mo 14–19, Di–Sa 10–19 Uhr

Für Kids

Compagnie des Petits Karte 2, C 6

Farbenfrohe, praktische, nicht allzu teure Mode für Kinder bis zehn Jahren. Die Kleinen sollen sich in den vielfältig kombinierbaren Hosen, Röcken, Jacken, Blusen, Shirts, Pyjamas und Stramplern wohlfühlen und hübsch, aber nicht ausstaffiert aussehen.

107, Grand'Rue, www.lacompagniedespetits.com, Tram: Langstross/Grand'Rue, Mo 13–20, Di–Sa 10–20 Uhr

Tolle Figur auch am Strand

Guipure Lingerie Karte 2, D 6

Auf elegante Badeanzüge, feminine Bikinis und hauchzarte Unterwäsche ist diese Lingerie-Boutique am Quai des Bateliers spezialisiert. Guipure ist übrigens eine Form der Stickerei, bei der aufwendige, durchbrochene Stoffstrukturen entstehen.

27, quai des Bateliers, Tram: Porte de l'Hôpital, Di–Fr 11–13, 15–19, Sa 11–18 Uhr

Gute-Laune-Schuhe

Nao Do Brasil Karte 2, D 6

Der Look ist Trend: Sneaker, knöchel- und halbhohe Turnschuhe oder sehr lässige Zehensandalen in unzähligen Farbkombinationen. Im Bundesstaat Minas Gerais im Südosten Brasiliens werden die Schuhe ausschließlich von erwachsenen Arbeitern in Handarbeit gefertigt und genäht, größtenteils aus recyceltem Material ohne tierische Inhaltsstoffe.

7, rue des Frères, www.revastyl.com, Tram: Porte de l'Hôpital, Mo 14–19, Di–Sa 10.30–19 Uhr

Immer der Nase nach

Ombres Portées Karte 2, D 5/6

Die Parfümerie führt Körperpflegeprodukte und Kosmetik von ausgesuchten Marken wie Penhaligon's, Kiehl, Aesop, Frédéric Malle, Miller Harris, stellt aber auch junge Nachwuchsparfümeure und neue Düfte vor und entwickelt eigene Produkte.

7, rue du Sanglier, www.ombresportees.fr, Tram: Langstross/Grand'Rue, Mo 14–18.30, Di–Fr 10–12.30, 14–18.30, Sa 10–18.30 Uhr

Ausgefallene Hutmode

Sophie Peirani Karte 2, C 6

Die Absolventin der Kunsthochschule kreiert und fertigt in ihrem Atelier fantasievolle Hutmodelle und ebensolchen Schmuck, bevorzugt für festliche Anlässe, aber auch wer nur einen feschen Regenhut sucht, wird hier fündig.

61, rue du Fossé-des-Tanneurs, www.sophie-peirani.com, Tram: Langstross/Grand'Rue, Mo 14–19, Di/Mi 10–12.30, 13.30–19, Do–Sa 10–19 Uhr

Strass'Night

Fast 50 000 Studenten, Tausende von Besuchern aus aller Herren Länder, arrivierte Straßburger und der ganze Tross der Europastadt – sie alle gehen zwar nicht jede Nacht, aber doch immer öfter und ausgesprochen gern auf die Piste. So mittelalterlich-gemütlich die Altstadt ist, hier werden die Bürgersteige definitiv nicht zu früher Stunde hochgeklappt. Vor allem im Sommer brodelt das Leben: Die Studenten und zahlreiche junge Besucher – Straßburg ist ein beliebtes Ziel für Klassenfahrten – sorgen dafür, dass es eine rege Ausgehszene mit Kneipen, Clubs und Discos gibt.
Am späten Nachmittag, nach Geschäfts- und Büroschluss, nimmt man gegen 17, 18 Uhr seinen Apéro, bei warmer Witterung an einem der Tische auf den Außenterrassen, die Restaurants, Bars und Cafés auf Bürgersteige und Plätze gestellt haben. Gegen 1 Uhr wird hier das letzte Bierchen getrunken, doch in den Clubs und Discos geht es dann erst richtig heiß her. Vor 22, 23 Uhr lässt man sich dort selten blicken. Lieber geht man erst einmal ins Kino oder Bistrot oder sitzt einfach draußen ungezwungen beieinander. Hauptausgehtage sind wie überall Donnerstag, Freitag und Samstag, dann haben viele Etablissements länger geöffnet, meist bis gegen 4, 5 Uhr am frühen Morgen. Doch auch in der Woche können Nachtschwärmer bis mindestens 1 Uhr feiern. Die Zentren des Nachtlebens sind die Place du Marché Gayot (Karte 2, D 5/6) und die benachbarte Place Saint-Etienne sowie die Viertel Krutenau und Finkwiller südlich der Ill (D–F 6).

Selbstgebrautes aus Mini-Brauereien ist in.

ZUM SELBST ENTDECKEN

Place du Marché Gayot: Am kurz PDMG genannten Platz trifft sich ein bunt gemischtes, vorrangig junges Publikum.

Krutenau und das westlich benachbarte Finkwiller: Aufgrund der größeren Ausdehnung ist die Szene hier nicht so konzentriert und eher studentisch.

Schicke Hotelbars besitzen das Hannong (Black and Wine ▸ S. 105) und das Régent Petite France (Bar Champagne ▸ S. 51).

Die **Großraum- und Multi-Fun-Tempel** liegen außerhalb in den Vororten, in der Stadt gibt es eher kleinere Clubs und Bars.

BARS UND KNEIPEN

Beliebte Bierbar

Académie de la Bière Karte 2, D 5
In entspannter Pub-Atmosphäre freut sich ein gemischtes Publikum über die Auswahl an unzähligen Biersorten vom Fass oder aus der Flasche, ausgefallene Biercocktails und als Grundlage deftige Speisen von Burger bis Flammkuchen. Ganz am anderen Ende der Grande-Ile, im hintersten Winkel des Gerberviertels, gibt es eine zweite Adresse (Karte 2, C 6, 17, rue Adolphe Seyboth) mit überwiegend junger, studentischer Klientel.
29, rue des Juifs, Tram: Broglie, So–Mi 11–1.30, Do–Sa 11–4 Uhr

Eleganz und Stil

Black and Wine Karte 2, C 6
Gepolsterte Bänke, blanke Holztische, dunkle Wandvertäfelung und gedämpftes Licht sorgen für ein stimmungsvolles Ambiente in der Hotelbar. Hier oder im Sommer oben in der Rooftop Bar schlürft man seinen Drink, nimmt an einer kleinen Weinprobe teil oder stärkt sich mit Käseteller und Schinken.
15, rue du 22 Novembre, im Hotel Hannong, T 03 88 32 21 67, www.blackandwinebar.com, Tram: Homme de Fer, Mo–Sa 18–1 Uhr

Old's Cool

Kitsch'n Bar B 6
Kitsch-Deko gab den Namen für die gemütlich-sympathische Bar nahe des Musée d'Art Moderne et Contemporain. Zum Retro-Ambiente kommen eine Außenterrasse zur Ill, Tischkickerturniere und regelmäßige Musik-Motto-Abende von Roaring-Sixties-Party über Easy Listening und Balkan-Beats bis zu Electro-Swing – für nette Stimmung ist gesorgt.
8, quai Charles Altorffer, Tram: Broglie, Mo–Mi 9.30–0.30, Do/Fr 9.30–1.30, Sa 16.30–1.30 Uhr

Braustelle

Les Brasseurs Karte 2, D/E 6
Die Micro-Brasserie hält die jahrhundertelange Brautradition in der Straßburger Innenstadt aufrecht. Im Angebot sind preiswerte Speisen wie Flammkuchen vom Holzbrett und das eigene obergärige Bier. Um eine Bar im Karree sind weinrote Kunstledersitze unter Hopfengirlanden angeordnet, am Eingang steht der Kupferbraukessel. Kostenlose Konzerte am Freitag- und Samstagabend im Keller.
22a, rue des Veaux, www.aubrasseur.fr, Tram: Gallia, Mo–Sa 11–1, So 11–24 Uhr

Zu Füßen der Kathedrale

Les Douze Apôtres Karte 2, D 6
120 (!) verschiedene, jährlich wechselnde Gerstengebräue werden in dieser Bierbar aus dem Zapfhahn (etwa ein Dutzend) oder der Flasche kredenzt, Kaffee gibt es nur bis mittags. Die karg mit lehnenlosen Holzbänken und Tischen eingerichtete Bar zählt etliche Fans zu ihren Stammkunden, die nur eins wollen: Bier.
7, rue Mercière, Tram: Langstross/Grand'Rue, tgl. 11.45–0.30 Uhr

Urig

La Lanterne Karte 2, C/D 6
Im schlichten Holzinterieur mit blanken Tischen kann man kleine, preiswerte Speisen wie Bruschettas essen. Am Wochenende wird es in der beliebten Kneipe eng vor den Braukesseln, und möglicherweise kommt man sich als Thirty-Something ziemlich alt vor. Auf der Karte stehen auch viele Biercocktails, der elsässische mit Kirsch, der normannische mit Calvados.
5, rue de la Lanterne, Tram: Gallia, Mo–Sa 16–1.30, So 17–1.30 Uhr

Tierisch gut

Le Mandragore Karte 2, C 5
Total angesagt in Frankreich sind ausgestopfte Tiere – in dieser kleinen Innenstadtbar nahe der Place Kléber dienen sie wie in einem Kuriositätenkabinett als Blickfang und Deko. Gute Cocktails, gute Musik, guter Service, gutes Konzept – kein Wunder, dass sich die exotische Bar schnell füllt.
1, rue de la Grange, Tram: Homme de Fer, Di–Sa 15–1, So 16–24 Uhr

Elsässisch für Anfänger – im Troquet des Kneckes

Kultig

Le Perestroika ✪ Karte 2, B 5

Viele der Plakate und Bilder sind so abgerissen wie das Flair dieses kleinen Raums, der irgendwo zwischen 1970er-Studentenkneipe und einer Moskau-Bar aus stalinistischer Zeit liegt. Coole Musik abseits des Mainstreams, im Keller ein Tisch unter altem Gewölbe, im Angebot Wodka aus allen Ländern, mit Birken- oder Fruchtaroma. Die Stammgäste der Bar des Hotel Grillon nahe dem Bahnhof trinken vor allem eins: Kaffee.

2, rue Thiergarten, Tram: Gare Centrale, tgl. 8–3 Uhr

> *W*
> *WINSTUBS*
>
> In den **Winstubs** geht es trotz des Namens ums Essen, erst in zweiter Linie um den Wein – die traditionellen Elsässer Lokale verstehen sich als Restaurants, nicht als Bar à vin oder Vinothek. Wer den Abend nicht in einer Bierstube, sondern lieber in einer Weinbar bei einem Glas Riesling oder anderem ausklingen lassen möchte, kann dies im **La Hache** (► S. 94), in der **Vino Strada Stub** (► S. 96), im **Black and Wine** (► S. 105), oder im **Café de l'Opéra** (► S. 63) tun.

Rock around the clock

Rock City Café ✪ E 6

Billard, Dart, Konzerte und Bierpässe sind die Eckdaten dieses Hardrock-Klassikers des Straßburger Studentenlebens. Gitarren an den Wänden und Maßkrüge von 1 bis 1,5 l sind etwas für echte Kerle.

24, rue des Poules, Tram: Université, Mo–Fr 11.30–14, Di/Mi 18.30–1.30, Do/Fr 18.30–4, Sa 19.30–4 Uhr

Spanisch

Tapas Café ✪ Karte 2, C 6

Kleine, preiswerte Tapas wie Tortilla, Schinken, Calamares, Chorizo-Wurst bringen Spanien nach Straßburg. Nicht nur ein Restaurant, sondern auch eine beliebte Ausgehadresse: Salsa, Flamenco und andere Latino-Rhythmen fliegen durch die Luft. Zu später Stunde passt dann auch ein Mojito zum Bodega-Ambiente mit Holzfässern.

16, rue du Bain Finkwiller, T 03 88 24 57 30, www.tapas-cafe.fr, Tram: Langstross/Grand'Rue, Mo–Fr 10–1.30, Sa 17–1.30 Uhr

Elsässisch für Hipster

Le Troquet des Kneckes ✪ Karte 2, C 6

Bar und Trink-Lokal, Brasserie und Wirtschaft, das Troquet des Kneckes setzt ganz auf dreisprachiges Selbstbewusstsein – an den Wänden stehen elsässische Lebensweisheiten. Originelle Deko und zusammengewürfeltes Vintage-Mobiliar ergeben eine lässig-entspannte Atmosphäre, wie man sie eher in Amsterdam erwarten würde. Auf der Karte spielen Getränke die Hauptrolle, daneben gibt's einfache Bistrogerichte von Croque Monsieur bis zum Salat, dafür aber bis Mitternacht.

112, Grand'Rue, T 03 88 22 57 45, Tram: Langstross/Grand'Rue, tgl. 10–1 Uhr

LIVEMUSIK

Comedy Club und Nachtbar

Au Camionneur ✪ B 5

Seit Jahren ist ›Au Cam‹ ein angesagter, individueller Ort des Straßburger Nachtlebens. Mittags gibt es in einem holzgetäfelten Raum mit Brasserieatmosphäre preiswerte Tellergerichte. Abends finden Jam Sessions, Konzerte, Café-Theater und heiße Spektakel statt, bei denen auch getanzt wird.

14, rue Georges-Wodli, www.au-camionneur.fr, Tram: Gare Centrale, Mo–Fr 12–15, Di–Sa 19–1.30 Uhr

Angesagter Klassiker

Café des Anges ✪ Karte 2, E 6

Heiße Partylocation – die Krutenau als Einzugsgebiet der Studenten hat auch zum Ausgehen einiges zu bieten. Das Publikum ist vorwiegend künstlerisch und studentisch, die Musik bedient sich von Blues über Electric bis zu Disco aus mehreren Richtungen, Themenabende, DJs.

5, rue Ste-Cathérine, www.cafe-des-anges.fr, Do– Sa 23–7, So 22–4 Uhr

Musik in der Molkerei

La Laiterie ✪ A/B 7

Das Veranstaltungszentrum der Region für U-Musik aller Richtungen, auch experimenteller Art: Rock, Pop, Jazz, Blues, Punk, Funk, World Music, Techno, Metal, Wave etc. Eine gemütliche Bar und mehr als maßvolle Eintrittspreise machen die ›Molkerei‹ zum langjährigen Dauerbrenner der Straßburger Musikszene. Unter der Internetadresse findet man auch eine Rubrik zu regionalen Gruppen, eine gute Einführung in die lokale Musikszene.

15, rue du Hohwald, T 03 88 23 72 37, www.artefact.org, Tram: Laiterie

KINOS IN STRASSBURG

Mehrere Lichtspielhäuser befinden sich in der Rue du 22 Novembre und der Rue des Francs Bourgeois.

L'Odyssée ✪ Karte 2, C 6

Das neobarocke Programmkino von 1913 mit Balkonen, Schmuckleisten und gemütlicher Café-Bar steht unter Denkmalschutz; in zwei Sälen werden Autorenfilme und Themenzyklen gezeigt, Mitternachtsvorstellungen und Matineen.

www.cinemaodyssee.com

UGC Cine Cité Strasbourg ✪ E/F 7

Das Kontrastprogramm zum L'Odyssée bietet dieses supermoderne Multiplex-Kino. 22 Säle für Filme vom Blockbuster bis zum Autorenfilm.

www.ugc.fr

Quer durch die Musik-Genres

Mudd Club ✪ Karte 2, D 5

Im angesagten Musikclub (benannt nach dem legendären New Yorker Club) nahe der Place St-Etienne mit Bühne im kleinen ›Underground‹-Keller zeigt das Programm eine große musikalische Bandbreite – hier treten (fast täglich)

THEATER UND KONZERTE

Théâtre National de Strasbourg Karte 2, D 5
Das Théâtre National de Strasbourg (TNS), Straßburgs kulturelles Flaggschiff, residiert standesgemäß im ehemaligen preußischen Landtag. Schwerpunkt ist das zeitgenössische Theater, es werden aber auch französische und internationale Klassiker (auf Französisch) aufgeführt. Straßburg als Festival- und Kulturstadt lockt zudem mit einer Fülle an Konzerten, dem Jazzfestival Jazzdor im November, dem Festival des Artefacts der Indie-Szene im Juni und dem Tanzfestival Extradanse Extrapole im April und Mai. Beim Kartenvorverkauf in der **Boutique Culture** (Karte 2, D 6) gegenüber dem Münster bekommt man Tickets für beinahe alle Theater-, Konzert- und Festivalaufführungen (T 03 88 23 84 65, www.strasbourg.eu/culture, Tram: Langstross/Grand'Rue, Di–Sa 12–19 Uhr).
www.tns.fr

lokale Bands auf, aber auch internationale Acts von Punkrock über Jazz, Rock, Hip-Hop und Soul bis zu Elektro geben sich hier die Ehre.
7, rue Arc-en-Ciel, T 03 88 32 14 02, www.mudd-club.fr, Mo–Do 18–1 Uhr, Fr/Sa 18–3 Uhr

Trödel-Kneipe
Troc'afé Karte 2, C 5
Das lässige Kneipencafé bietet seinen Gästen, meist aus studentischen und Künstlerkreisen, Frühstück und kleine Speisen. Häufig werden Karten- oder Schachspielabende veranstaltet und zwei-, dreimal im Monat Konzerte, am Wochenende teils auch musikalischer Brunch. Der Clou: Die Einrichtungsgegenstände im Vintage-Style kann man fast alle kaufen.
8, rue du Faubourg de Saverne, Tram: Ancienne Synagogue/Les Halles, Mo/Di 7.30–22, Mi–Fr 7.30–24, Sa 10–22 Uhr

Ü ÜBRIGENS

Bis zur **Morgendämmerung** um 6, 7 Uhr kann man in diesen Bars und Clubs feiern: **Café des Anges** (Do–Sa), **Rock City Café** (Do, Fr) und **La Salamandre** (Do–Sa).

TANZEN

Dancefloor im Gewölbekeller
Agora Karte 2, D 6
Mitten im heimeligen Viertel hinter der Place de Gutenberg geht es von der Weinbar im Erdgeschoss noch hinunter in den Keller. Der kleine Innenstadtclub mit Hauptakzent auf R'n'B und Techno reizt ein überwiegend junges Publikum zum Abtanzen unter gemauerten Gewölben.
25, rue des Tonneliers, www.agora-bar.fr, Tram: Langstross/Grand'Rue, Bar tgl. 16–1.30 Uhr, Club Do–Sa 23–4 Uhr

Alternative Avantgarde
Elastic Bar Karte 2, E 6
Eine von Straßburgs wirklich einzigartigen Adressen für Clubber. Hinter der farbenfrohen Fassade erwartet einen ein postmodern-psychedelisches, aber ziemlich chaotisches Interieur mit Underground-Touch und einer flippigen, eigentlich in keine Schublade passenden Klientel. Die Musik, teils von wechselnden DJs, teils live, zu der auch getanzt wird, ist stets der neueste Trend: Metal, Breakbeat, Ragga, Techno, House.
27, rue des Orphelins, Tram: Porte de l'Hôpital, Di–Do, So 20.30–3, Fr/Sa 20.30–4 Uhr

Drama, Baby, Drama
Le Living Room E 6

Der plüschig-pompöse, ans ausgehende 19. Jh. erinnernde Stil dieser *bar-boîte* (Bar und Diskothek) wird von einer dunkelroten Farbpalette und viel dunklem Holz beherrscht. Ein kalkulierter Gegensatz zur aktuellsten Dancefloor-Musik und den trendig-feinen Szenegängern in Feierlaune, die ihre Auftritte zwischen lauschigen Sitzecken und der Tanzfläche absolvieren.

11, rue des Balayeurs, Tram: Université, Mi–So 21–4 Uhr

Design, DJs

La Passerelle ✪ Karte 2, D 6

In der Lounge und Tanzbar fühlt man sich in abgerissenen Jeans nicht so wohl. Nach hinten raus führt ein Wintergartenanbau zum Innenhof. Dienstag ist für Rock'n'Roll reserviert, mittwochs und donnerstags wird Salsa getanzt und am Wochenende sorgen DJs für Tanzbares.

38, quai des Bateliers, http://passerelleclub.com, Tram: Gallia, Di/Mi 22–1.30, Do–Sa 22–4 Uhr

Cool und stylish

Fat Black Pussycat ✪ Karte 2, D 6

Die Bar in der Krutenau ist trotz des anzüglichen Namens kein Striplokal, sondern Treffpunkt für Nachtschwärmer mit Bar (im Erdgeschoss) und Club (im Keller). Cocktails und Partys mit musikalischen Genres wie Soul, Hip-Hop, Funk und Electro stehen auf dem Programm – sowohl von Live Bands als auch von namhaften DJs.

3, rue Klein, Tram: Porte de l'Hôpital, Mo–Sa 19–4, So 22–4 Uhr

Nightclub

La Salamandre ✪ E 6

Seit 1991 wird in diesem Urgestein des Straßburger Nachtlebens in der Krutenau Musik gehört, getanzt und abgefeiert. Große musikalische Bandbreite von 1970er-Jahre bis House. Zum Club- und Gastro-Kosmos der Inhaber gehören auch La Hache, Les Aviateurs und Barco Latino.

3, rue Paul-Janet, www.lasalamandrestrasbourg.com, Tram: Université, Do–Sa 23–7 Uhr

GROSSE OPER

Opéra National du Rhin ✪ Karte 2, D 5

Straßburg hat die Oper, Mulhouse das Ballett und Colmar die Operette – ein dezentralisiertes Gemeinschaftsunternehmen dreier Städte im Elsass. Das Haus, eines der vier großen Opernhäuser Frankreichs, widmet sich der französischen Klangkunst, aber auch internationalen Klassikern und bringt viele Koproduktionen mit anderen Häusern auf die Bühne. Die Aufführungen finden im klassizistischen Théâtre Municipal an der Place de Broglie oder im Palais de la Musique et des Congrès statt. Für Studenten und im Last-Minute-Verkauf an der Abendkasse gibt es Ermäßigungen.

www.operanationaldurhin.eu, Abendkasse ab 45 Min. vor Beginn

Hin & weg

ANKUNFT

Mit dem Flugzeug
Flughafen: Der kleine Internationale Flughafen Strasbourg-Entzheim liegt 16 km südwestlich vom Stadtzentrum (T 03 88 64 67 67, www.strasbourg.aeroport.fr).
Vom Flughafen in die Stadt: Von 5.30 bis 22 Uhr 4 x pro Std. fährt ein Shuttle-Zug (*Navette train*) in 9 Min. zum Hauptbahnhof (*Gare Centrale*). Bis zum letzten Flieger um 23 Uhr stehen Taxis bereit, die etwa 30 € für die Fahrt nehmen.

Mit der Bahn
Bahnhof: Der Straßburger Bahnhof liegt recht nahe zum Zentrum – je nach Lage des Hotels und Größe des Gepäcks kann man von dort zu Fuß in die Stadt gehen oder die Tram nehmen.

Mit dem Auto
Parken: Wer als Kurzbesucher mit dem Auto nach Straßburg kommt, hat es recht einfach. Der für Besucher interessante Teil, die Innenstadt (*Centre Ville*), ist von der Autobahn aus gut ausgeschildert. Da größere Teile des Zentrums Fußgängerzone und andere zumindest für den Durchgangsverkehr gesperrt sind, empfiehlt es sich, den Wagen in einem der Parkhäuser in Nähe der Ringboulevards abzustellen, die die Innenstadt umgeben. Ganz nah an der Kathedrale liegt etwa das rund um die Uhr geöffnete Parking Austerlitz. Danach fährt man Tram oder geht zu Fuß. Nur sehr wenige Hotels können eigene Parkplätze anbieten. Achtung: Mit einem alten Führerschein kann man Probleme bekommen, am besten besorgt man sich den neuen EU-Führerschein im Scheckkartenformat.
Park + Ride: Parkplätze Baggersee, Krimmeri Stade de la Mainau, Ducs d'Alsace, Elsau, Hoenheim Gare, Rives de l'Aar 4,10 €, Rotonde 4,60 € (Parken plus Hin-und-Zurück-Ticket für alle Fahrzeuginsassen).
Weitere Infos zu Parkmöglichkeiten: http://www.cts-strasbourg.eu/fr/se-deplacer/Parkings-relais/ und www.parcus.com/fr/parking-strasbourg/

Mit der gewölbten Glaswand vor dem historischen Bahnhof haben die Architekten zusätzlichen Raum und ein Untergeschoss geschaffen.

SICHERHEIT UND NOTFÄLLE

Diebstahl/Kriminalität: Lassen Sie nie, vor allem nicht auf den Parkplätzen der vielbesuchten Sehenswürdigkeiten, wertvolle Gegenstände im Auto liegen. Im Gedränge rund um die Kathedrale und auch in der Kirche operieren häufig Taschendiebe. Ansonsten sind die Innenstadt und das Europaviertel, wo man sich als Tourist in der Regel aufhält, relativ sicher. In Vorstadtviertel wie Elsau, Hautepierre oder Neuhof mit ihren hohen Arbeitslosenquoten, hoher Kriminalität und Jugendbanden traut sich selbst die Polizei nicht gern hinein. In diesen berüchtigten ›heißen Vierteln‹ gibt es für Besucher ohnehin nichts zu sehen.

Kreditkartenverlust: 0049 11 61 16 (zentrale Nummer auch bei Verlust von Handy-, Bank- und EC-Karten)

Diplomatische Vertretungen: Deutschland: T 03 88 24 67 30, www.allemagne.diplo.de; Österreich: T 03 88 35 13 94, www.bmeia.gv.at; Schweiz: T 03 88 35 00 70, www.eda.admin.ch.

Polizei: 17

Feuerwehr: 18

Ambulanz: 15

Pannenhilfe: 08 00 08 92 22 (kostenlos, deutschsprachig)

INFORMATIONEN

Office de Tourisme de Strasbourg et sa région (OTSR): 17, place de la Cathédrale (🕮 D 6), T 03 88 52 28 28, www.otstrasbourg.fr, tgl. 9–19 Uhr. Hotellisten, Broschüren (teils auch im PDF-Format zum Download), Zimmervermittlung, Führungen, Tickets, Strasbourg-Pass.

STRASBOURG-PASS

Den 3 Tage gültigen Pass (Erw. 18,90 €, Jugendliche 12,45 €, Kinder 9,45 €) gibt es beim Office de Tourisme. Er umfasst den freien Besuch eines Museums, Aufstieg zur Münsterplattform, Bootsrundfahrt, Besichtigung der Astronomischen Uhr sowie 50 % Ermäßigung für ein zweites Museum, Minizug-Rundfahrt, Fahrradausleihe für einen halben Tag, Stadtführung, Besuch von Vaisseau und Naviscope.

IM INTERNET

Hauptsprache der Websites ist natürlich Französisch, doch haben fast alle Hotels, Restaurants und Tourismusseiten eine deutsche und/oder englische Version. Beim Schreiben werden die französischen Akzente weggelassen, also nicht ›pêche‹, sondern ›peche‹ eingeben. Nützlich sind die französischen Gelben Seiten (www.pagesjaunes.fr), wo man nach Kategorien, Namen, Orten, Adressen suchen kann.

www.otstrasbourg.fr: die offizielle Homepage des Office de Tourisme, auch auf Deutsch. Online-Buchung für Hotels, Anreise, Verkehrsmittel, Museen, Theater, Ausgehen, Gastronomie – sehr nützlich und übersichtlich aufgemacht.

www.strasbourg.eu: die informative Homepage der Stadtverwaltung, auf Französisch: Veranstaltungskalender, Transport (›se deplacer‹), Kultur, städtisches Leben und Neuigkeiten, Tourismus, Wetter.

www.musees.strasbourg.eu: Offizielle Website der Straßburger Museen mit den aktuellen Ausstellungen, Veranstaltungen, Kinderprogrammen, Öffnungszeiten etc.; auf Französisch.

www.tourisme-alsace.com: Schön gestaltete Website des elsässischen Tourismusvereins, auch auf Deutsch (die vielen Links sind dann wieder auf Französisch). Sonder- und Pauschalangebote, ein Tages- und Jahresveranstaltungskalender, ausführliche Informatio-

nen zu Sportmöglichkeiten, zu Kultur, Gastronomie, Unterkunft, Führungen und Adressen der Tourismusvereine.
www.europarl.europa.eu: Website des Europäischen Parlaments mit allen Projekten, Sitzungen etc. in sämtlichen Sprachen der EU.
www.dna.fr: Internetausgabe der größten elsässischen Zeitung »Dernières Nouvelles d'Alsace«, straßburgzentriert und hauptsächlich für das Département Bas-Rhin, Aktuelles aus aller Welt und aus der Region, Veranstaltungshinweise, Wetterbericht; auf Französisch.
www.region-alsace.eu: Website des Regionalrats mit aktuellen Bildchen, Infos zu Geschichte, Verwaltungsaufbau, Politik, Tourismus sowie Leben im Elsass und Investieren im Elsass; auch auf Deutsch.

Reisen mit Handicap

In der jährlich aktualisierten kostenlosen Broschüre »Hôtels. Restaurants«, die bei allen Fremdenverkehrsbüros erhältlich ist, weisen Logos mit einem weißen Haus auf blauem Grund auf Häuser hin, die speziell für Körperbehinderte, geistig Behinderte, Sehbehinderte bzw. Hörbehinderte eingerichtet sind. Dies sind meist neue Häuser sowie Kettenhotels, bei den älteren Häusern fehlen oft Aufzüge oder Rampen.
Weitere Infos: http://www.otstrasbourg.fr/fr/sejourner/personnes-en-situation-de-handicap.html
http://www.tourisme-alsace.com/fr/label-tourisme-et-handicap/

Umweltfreundlich unterwegs

Tram und Bus

Straßburgs Straßenbahn hat sechs Linien, fünf davon kreuzen sich an der zentralen Haltestelle Homme de Fer. Die Tram fährt zwischen 4.30 und 0.30 Uhr, Züge kommen etwa im 4-Minuten-Takt. Busse wurden weitgehend aus der Innenstadt verbannt. Fast alle Buslinien führen sternförmig von den Tramhaltestellen rund um das Zentrum in die Außenbezirke, Linie 10 fährt um die Innenstadt herum. Die moderne Station Homme de Fer sowie Gare Central am Hauptbahnhof sind zentrale Umsteigepunkte. Betrieben werden Tram und innerstädtische Buslinien von der Gesellschaft CTS.
Allo CTS: T 03 88 77 70 70. Unter dieser Nummer gibt es Infos zu allen Verkehrsmitteln in Straßburg auf Französisch; www.cts-strasbourg.eu (Fahrpläne, Haltestellensuche, Tarife). Ein Streckenplan ist am Hauptbahnhof, in der Boutique Homme de Fer an der gleichnamigen Haltestelle und in der Touristeninformation erhältlich.
Tickets bekommt man am Bahnhof und an den Haltestellen, bei der Post, in Tabakläden, Kiosken sowie bei Banken und Geschäften mit CTS-Logo. Fahrscheine werden auf dem Bahnsteig entwertet. Ein Einzelfahrschein für Tram und Bus (Unipass) kostet 1,70 €, ein Zehner-Heft 14 €. Sehr nützlich: ›24h individuel‹ für 4,30 € (1 Tag alle Busse und Trams nutzen) sowie für Familien ›Trio‹ für 6,80 € (1 Tag für 2–3 Personen).

Fahrrad

Radwege: Rund 500 km Strecke sind markiert und an den Kreuzungen mit Extra-Ampeln versehen; die Richtungen sind gut ausgeschildert. Viele Straßen der Fußgängerzone darf man mit dem Rad befahren. In der Tram kann man das Rad außerhalb des Berufsverkehrs (Mo–Sa 7–9 und 17–19 Uhr) mitnehmen.
Velhop: www.velhop.strasbourg.eu. Der städtische Service Velhop bietet in drei Boutiquen und 24 Std. geöffneten automatischen Stationen Leihfahrräder und einige E-Bikes an. Die Stunde kostet 1 €, der Tag 6 €, die Woche 18 €. 150 € Kaution und ein Personalausweis werden verlangt. Die drei Boutiquen liegen am Bahnhof (Grande Verrière, 🕮 B 5, T 09 60 17 74 63, Mo–Fr 8–19, Sa/So 9.30–19 Uhr, im Winter So geschl.), im Zentrum (3, rue d'Or, Tram-Station Porte de l'Hôpital, 🕮 Karte 2, D 6, T 09 65 27 97 25, Mo–Fr 8–19, Sa/So 9.30–19 Uhr, im Winter

Vorbildlich: Mit den grünen Velhop-Rädern kommen Besucher günstig und benutzerfreundlich von A nach B.

So geschl.) und an der Universität (23, bd. de la Victoire, 🕮 E 5, T 09 62 32 06 46, Mo–Fr 13–13, 14–18.30 Uhr).

TAXI

Taxi 13: T 03 88 36 13 13, www.taxi13.fr. Das größte Taxiunternehmen Straßburgs ist mit Taxiständen am Bahnhof, an der Place de la République, der Place Gutenberg, dem Centre Halles und am Europarat vertreten.

STADTFÜHRUNGEN

Audiovisuelle Führung: Für 5,50 € (ermäßigt 2,75 €) und eine Kaution von 100 € verleiht das Office de Tourisme Audio-Guides. Innerhalb von 3 Std. kann man im individuellen Rhythmus die 90 Min. lange Führung absolvieren.
Segway: Mobilboard, Galeries Austerlitz 16, rue d'Austerlitz (🕮 Karte 2, D 6), T 03 67 10 33 04, www.mobilboard.com/fr/agence/segway/strasbourg, Mai–Okt. Mo–Sa 10– 20, Nov.–April Di–Sa 10–18 Uhr. Die Agentur bietet mehrere Möglichkeiten an, Straßburg mit Führung auf einer Segway-Tour zu erkunden. Anfänger werden in die nicht sehr schwierige Kunst des Segway-Lenkens eingeführt.

BOOTSRUNDFAHRTEN

Batorama: Ill-Ufer, unterhalb des Palais Rohan (🕮 Karte 2, D 6), Tram: Porte de l'Hôpital, T 03 88 84 13 13, www.batorama.fr. Die Fahrt in den Glasdachbooten führt von der Anlegestelle unterhalb des Palais Rohan auf der Ill um die Altstadt bis zum Europaviertel. Den Kommentar gibt es über Kopfhörer nicht nur auf Deutsch. Bei guter Witterung werden die Glasdächer hochgeklappt. Preise: Erw. 12,50 €, Kinder und Jugendliche 7,20 €, Abfahrt 23. März–Dez. halbstdl. 9.30–19, im Sommer auch 20, 21, 22 Uhr, Jan.–22. März 4–8 x tgl.

KOSTENLOS

Der Museumseintritt ist an jedem ersten Sonntag im Monat gratis.

O-Ton Straßburg

Mir rede au Elsassisch: Ja fer unseri Sproch!

Wir sprechen auch Elsässisch: Ja zu unserer Sprache.

Labküche

Lebkuchen

VIELMOLS MERCI!

Tausend Dank!

Zuckerbeck

Konditor

Nooch em Raje schiint d'Sunn.

Auf Regen folgt Sonnenschein.

Stross-buri

Straßburg

SÜRKRÜT

Sauerkraut

Krüt un krüt esch zweierlei.

wörtl. Kohl ist nicht gleich Kohl.
Wenn zwei das Gleiche tun, ist es nicht dasselbe.

Salü bisamme!

Hallo alle miteinander!

Blämbes

Wein schlechter Qualität

Trink Elsässer Win, noh wursch seelig.

Trink Elsässer Wein und du wirst selig.

Das Klima im Blick

Reisen bereichert und verbindet Menschen und Kulturen. Wer reist, erzeugt auch CO_2. Der Flugverkehr trägt mit bis zu 10 % zur globalen Erwärmung bei. Wer das Klima schützen will, sollte sich – wenn möglich – für eine schonendere Reiseform entscheiden oder die Projekte von atmosfair unterstützen. Flugpassagiere spenden einen kilometerabhängigen Beitrag für die von ihnen verursachten Emissionen und finanzieren damit Projekte in Entwicklungsländern, die dort den Ausstoß von Klimagasen verringern helfen (www.atmosfair.de). Auch die Mitarbeiter des DuMont Reiseverlags fliegen mit atmosfair!

Abbildungsnachweis

DuMont Bildarchiv, Ostfildern: S. 101 (Kirchgessner)
Fotolia, New York (USA): S. 73 (Richter); 34, 77, Umschlagklappe vorn (Stutz); 4 o. (Tauzin)
Getty Images, München: S. 54, 61, 109 (AFP/Hertzog); 24 (EyeEm)
Hotel Graffalgar, Straßburg (Frankreich): S. 86, 88 (Paola Guigou)
Huber-Images, Garmisch-Partenkirchen: S. 4 u. (Eiben); 50 (Lubenow); 7 (Merten); 32, 90 (Reinhard); 25, 41, 49, 93 (TC)
iStockphoto, Calgary (Kanada): S. 53 (Andronov); 71 (Peter)
Gabriele Kalmbach, Reutlingen: S. 5, 37, 104, 106
laif, Köln: S. 14/15, 22, 68, 75, 113 (hemis.fr/Mattes); Umschlagklappe hinten, 16/17, 58, 64, 85 (hemis.fr/Rieger); 28, 30 (Kirchgessner); 120/8 (Moro); 67 o., 67 u., 82, 120/3, 120/4, 120/9 (REA/Maigrot); 45 (Redux/NYT/Bastien)
Look, München: S. 78/79 (Bayerl); 44 (Lubenow); 48, 120/2 (SagaPhoto)
Mauritius Images, Mittenwald: Titel, S. 96 (Alamy); 72 (Alamy/GFC Collection); 42 (Alamy/Images-Europa); 120/7 (Alamy/Lordprice Collection); 12/13, 38, 80 (Alamy/Sriskandan); 98 (Alamy/STOCKFOLIOÆ); 8/9 (Alamy/Tack); 94 (Photononstop/Bouchet)
picture-alliance, Frankfurt a. M.: S. 120/1 (akg-images/Babey); 57 (Armer); 120/5 (Geisler-Fotopress/Geisler); 120/6 (Leemage/Bianchetti); 110 (Westend61/Merle)
Schapowalow, Hamburg: S. 20 (SIME/Onlyfrance/Compoint)
Zeichnungen: S. 2, 11, 22, 52, 65, 74, Umschlagklappe vorn (Konopik)
S. 54: Rauminstallation Museum Straßburg, Daniel Buren,© DB/Vg Bild-Kunst, Bonn 2016

Zitat

Umschlagklappe hinten: »Die Chronika des fahrenden Schülers«, Clemens Brentano, 1818

Kartografie

DuMont Reisekartografie, Fürstenfeldbruck
© DuMont Reiseverlag, Ostfildern

Umschlagfotos

Titelbild: Petite France
Umschlagklappe hinten: Turm der Cathédrale Notre-Dame

Hinweis: Autorin und Verlag haben alle Informationen mit größtmöglicher Sorgfalt geprüft. Gleichwohl sind Fehler nicht vollständig auszuschließen. Alle Angaben erfolgen ohne Gewähr. Bitte schreiben Sie uns! Über Ihre Rückmeldung zum Buch und Verbesserungsvorschläge freuen sich Autorin und Verlag:
DuMont Reiseverlag, Postfach 3151, 73751 Ostfildern,
info@dumontreise.de, www.dumontreise.de

1. Auflage 2017

Autorin: Gabriele Kalmbach
Redaktion/Lektorat: Anne Winterling
Grafisches Konzept: Eggers+Diaper, Potsdam
Printed in China

Kennen Sie die?

9 von 280 100 Straßburgern

La Belle Strasbourgeoise

Die schöne Straßburgerin auf dem Gemälde von Nicolas de Largillière gilt als elsässische Mona Lisa.

Kougelhopf

Der Hefenapfkuchen mit Rosinen und Mandeln ist das elsässische Nationalgebäck.

Marc Haeberlin

Der Spitzenkoch aus Illhäusern hat auch ein Restaurant in Straßburg: Les Haras.

Roger Siffer

Der Kabarettist und Liedermacher leitet das Theater de la Choucrouterie.

Thierry Mugler

Absoluter Bestseller des Modedesigners: das Parfüm Angel.

Claude Joseph Rouget de Lisle

Der französische Offizier dichtete und komponierte 1792 in Straßburg die Marseillaise.

Johannes Gutenberg

Der Erfinder des Buchdrucks lebte rund zehn Jahre in Straßburg.

Tomi Ungerer

Der weltweit bekannte Karikaturist und Illustrator mit sanftem bis drastischem Humor ist gebürtiger Straßburger.

Catherine Trautmann

Als Bürgermeisterin von Straßburg (1989–2001) hatte sie entscheidenden Anteil an der Realisierung des Tram-Projekts.